Varus, Varus!

Varus, Varus!

Antike Texte zur Schlacht im Teutoburger Wald

Lateinisch/Deutsch
Griechisch/Deutsch

Herausgegeben
von Lutz Walther

Philipp Reclam jun. Stuttgart

Umschlagabbildung:
Maske eines römischen Gesichtshelms (Fundort: Kalkriese)
© akg-images

RECLAMS UNIVERSAL-BIBLIOTHEK Nr. 18587

Revidierte Ausgabe 2009
Kartenzeichnungen: Anna Schulze, Hannover
Gesamtherstellung: Reclam, Ditzingen. Printed in Germany 2009
RECLAM, UNIVERSAL-BIBLIOTHEK und
RECLAMS UNIVERSAL-BIBLIOTHEK sind eingetragene Marken
der Philipp Reclam jun. GmbH & Co., Stuttgart
ISBN 978-3-15-018587-2

www.reclam.de

Inhalt

Einleitung 7

Quellentexte

Ovid 38
1 *Tristia / Lieder der Trauer* III,12,37–48 38
2 *Tristia / Lieder der Trauer* IV,2,1–58 40

Manilius 46
3 *Astronomica/Astrologie* I,896–903 46

Strabon 48
4 *Geographica/Geographie* VII,1,2–4 48

Velleius Paterculus 56
5 *Historia Romana / Römische Geschichte* II,117–122 56

Seneca der Ältere 70
6 *Controversiae/Streitfragen* I,3,10 70

Seneca der Jüngere 72
7 *Epistulae morales ad Lucilium / Briefe an Lucilius über Ethik* 47,10 72

Plinius der Ältere 74
8 *Naturalis historia / Naturkunde* VII,147–150 . 76

Frontinus 78
9 *Strategemata/Kriegslisten* II,9,4 80
10 *Strategemata/Kriegslisten* III,15,4 80
11 *Strategemata/Kriegslisten* IV,7,8 80

Florus 82
12 *Epitoma de Tito Livio / Auszug aus dem Werk des Titus Livius* II,30 82

Tacitus 88
13 *Ab excessu divi Augusti / Annalen* I,3,5–6 . . 90
14 *Ab excessu divi Augusti / Annalen* I,55–71 . . 90
15 *Ab excessu divi Augusti / Annalen* II,7 120
16 *Ab excessu divi Augusti / Annalen* II,26,2–5 . 122
17 *Ab excessu divi Augusti / Annalen* II,88 . . . 124

Sueton 126
18 *Divus Augustus / Augustus* 23 126

Cassius Dio 128
19 *Historia Romana / Römische Geschichte* 56,18,1–24,6 130

Orosius 144
20 *Historiae adversum paganos / Weltgeschichte gegen die Heiden* VI,21,15–17 146
21 *Historiae adversum paganos / Weltgeschichte gegen die Heiden* VI,21,24–27 146

Anhang

Anmerkungen 151
Daten zur Varusschlacht 157
Quellenverzeichnis 165
Literaturhinweise 169
Karten 174

Einleitung

A Roman with a Roman's heart can suffer.
Shakespeare, *Cymbeline* V,5

Der historische Hintergrund der Varusschlacht

Als Augustus in seinem Tatenbericht (*Res gestae*) gegen Ende seines Lebens im Jahre 13/14 n. Chr. seine persönlichen Leistungen während seiner langen Regierungszeit Revue passieren ließ, betrachtete er das Mündungsgebiet der Elbe als die nördliche Grenze des Römischen Reiches. Obwohl er nur wenige Jahre zuvor in der sogenannten Schlacht im Teutoburger Wald (lat. *saltus Teutoburgiensis*) den Verlust von drei Legionen unter der Führung des Publius Quinctilius Varus hatte hinnehmen müssen und dem römischen Militär eine der schlimmsten Niederlagen zugefügt worden war, verstand Augustus das nördliche Germanien als de facto römische Provinz: »Das Gebiet aller Provinzen des römischen Volkes, die Volksstämme zu Nachbarn hatten, die nicht unserem Befehl gehorchten, habe ich vergrößert. Die Provinzen Galliens und Spaniens, ebenso Germanien habe ich befriedet, ein Gebiet, das der Ozean von Gades [Cádiz] bis zur Mündung der Elbe umschließt« (*Res gestae* 26; Übers. Marion Giebel).

Aus heutiger Sicht ist diese selbstzufriedene Haltung zunächst nicht ohne Weiteres nachzuvollziehen, verstehen wir doch die Niederlage des Varus von 9 n. Chr. häufig als das Ende der römischen Okkupation östlich des Rheins. Zwar lässt sich Augustus' Meinung als die eines alten, starrsinnigen Herrschers abtun, der die realen Verhältnisse in Germanien nicht wahrhaben will – zumal er Varus und die drei verlorenen Legionen in den *Res gestae* mit keinem Wort erwähnt –, doch verliert seine Ansicht an Befremdli-

chem, wenn man sich vor Augen führt, dass er durchaus nicht der einzige Zeitgenosse war, der diese Meinung vertrat. »Und als sich nach der Niederlage des Varus die Dinge rascher als erwartet zum Guten wandten und Germanien vernichtend geschlagen war …«, meint auch Velleius Paterculus, der als einziger zeitgenössischer Autor die Germanenkriege in seiner *Römischen Geschichte* (II,122) darstellt. Ebenso vermutet Ovid, dass die Germanen besiegt worden seien, wenn er etwa im Jahr 10 in der Verbannung am Schwarzen Meer dichtet: »Nun ist das wilde Germanien wohl den Caesaren erlegen, / hat, wie die übrige Welt, endlich die Kniee gebeugt« (*Tristia* IV,2,2; Übers. Wilhelm Willige). Und lässt etwa die Neuaufstellung der drei unter Varus verlorenen Legionen in doppelter Stärke, die unmittelbar nach der Niederlage erfolgte, auf Resignation seitens der politischen Führung in Rom oder gar auf einen Rückzug vom Rhein schließen?[1] Oder kann nicht zuletzt der Triumph, der Germanicus zu Ehren für seine Eroberung und Unterwerfung des nördlichen Germaniens am 26. Mai 17 in Rom durchgeführt wurde, als Zeichen der zumindest in die Öffentlichkeit getragenen Überzeugung der römischen Führung gelten, dass die Barbaren im hohen Norden ›befriedet‹ waren und Germanien letztlich als Provinz anzusehen war? (In diesem Triumphzug wurden germanische Gefangene mitgeführt und auch Thusnelda, die Frau des Arminius, dem römischen Volk zur Schau gestellt.)

Zu diesem Zeitpunkt hatte der neue Princeps, Tiberius, die römische Offensive in Germanien jedoch bereits aufgrund der geringen Aussicht auf reiche Beute bei verhältnismäßig hohen Verlusten, und nicht zuletzt, weil man erwartete, dass sich die Germanen ohnehin über kurz oder lang in inneren Streitigkeiten gegenseitig zerfleischen würden, eingestellt (vgl. Tacitus, *Annalen* I,55,1). Dass von

1 Vgl. Lehmann, S. 128. Oder bereits Timpe, *Arminius-Studien*, S. 117: »Es gibt keinerlei Beweis für die so häufig geäußerte Ansicht, infolge der *clades Variana* hätte Augustus auf das rechtsrheinische Germanien verzichtet.«

nun an die Rheingrenze für mehrere Jahrhunderte die Außengrenze des Römischen Reiches bilden würde, konnte und wollte acht Jahre nach der Varusniederlage niemand für möglich halten, waren doch zu keiner Zeit vor Augustus die Grenzen des Imperiums in ähnlichem Maße erweitert worden wie unter ihm.[2] Entsprach es also bloß der (unreflektierten) römischen Selbstüberschätzung, die unwirtliche Gegend im hohen Norden, in der vermeintlich kulturlose, barbarische Stämme in sprichwörtlich undurchdringlichen dunklen Wäldern hausten, als gleichsam provinzialisiert anzusehen? Die jahrhundertelang bewährte Praxis von Expansion, Unterwerfung und Provinzialisierung fremder Stämme und Völker würde wegen des Verlustes von drei Legionen keinen Abbruch finden. Zwar bremsten die Schwierigkeiten der Römer an Rhein und Donau den Expansionsdrang des Reiches in dieser Region, doch schon Kaiser Claudius bewies, als er gut dreißig Jahre später die römische Eroberungsmaschinerie gegen Britannien richtete, dass er mit mehr Erfolg als Augustus und Tiberius ein nordeuropäisches Volk zu unterwerfen verstand.

Die Großoffensive gegen die Germanen begann 16 v. Chr. in einer Zeit des Friedens, trotz einiger Unruhen an den Grenzen. Aus welchen Gründen oder Anlässen Augustus die expansive Politik einleitete, ist unter Forschern umstritten. Ob er seinem Großonkel Caesar (oder gar Alexander) ähnlich als Eroberer in die Geschichte eingehen wollte, ob er in den Germanen eine latente Bedrohung sah, die beseitigt werden müsse, oder ob er – wie im-

2 Vgl. Bleicken, S. 612, und Eck, S. 90: »[…] unter seiner mehr als vierzigjährigen Herrschaft hat Rom mehr an Territorium hinzugewonnen als jemals zuvor in einem vergleichbaren Zeitraum: den Norden Spaniens, den Alpenbogen mit Rätien und Noricum, Illyricum und Pannonien, ebenso das gesamte Gebiet nördlich von Achaia und Macedonia bis zur Donau; in Kleinasien wurde ein Teil von Pontus, Paphlagonien, Galatien und Kilikien provinzialisiert, ebenso wie Iudaea. Ägypten war schon 30 v. Chr. der Herrschaft des römischen Volkes unterworfen worden. Auch die Provinz Africa wurde nach Osten und Süden hin ausgeweitet.«

mer wieder spekuliert wird – die römische Grenze ›verkürzen‹ wollte, indem er zwischen Nordsee und Donau die Elbe statt des Rheins als Grenze befestigte, ist nicht mehr nachvollziehbar.[3] Als gesicherte Tatsache kann gelten, dass es 16 v. Chr. keine übermäßige Bedrohung für die Römer von Norden her gab, auch wenn die Einfälle der nordgermanischen Kimbern und Teutonen zwischen 113 und 101 v. Chr., die eine Art Urangst vor den Germanen in das römische Gedächtnis gepflanzt hatten, rund 80 Jahre später noch in lebhafter Erinnerung waren. So kann also kaum von einem allgemeinen Druck der germanischen Stämme auf die Rheingrenze ausgegangen werden, auf den die Römer nun hätten reagieren müssen, sondern dieser Druck muss – wie Bleicken darlegt – eher umgekehrt als Reaktion auf den römischen Expansionsdrang der vorangegangenen Jahrzehnte gedeutet werden. Auch das Argument der Grenzverkürzung durch die Elbe-Donau-Linie zwecks Verbesserung der Verteidigung des Reiches (da der durch die Oberläufe von Rhein und Donau gebildete Winkel vermieden worden wäre), ist ein Argument, das »einzig das Produkt des Studiums moderner Atlanten«[4] darstellt. Wenn folglich ein zielgerichteter Plan der römischen Expansion nach Osten nicht ausgemacht werden kann, bleibt einzig das Unternehmen als solches: aus den dabei neu gewonnenen Erkenntnissen über die geographische und ethnische Beschaffenheit des bis dato unbekannten rechtsrheinischen Raumes entwickelte sich durch Erfolge und Misserfolge eine Eigendynamik, die die Zielsetzung immer wieder neu definierte.

Nach der Eroberung Galliens durch Caesar in den 50er-Jahren des 1. Jahrhunderts v. Chr. hatte sich die Außengrenze des Römischen Reiches im Norden bis an den Rhein vorgeschoben. Da die römischen Truppen vor allem

3 Siehe die Zusammenfassung der verschiedenen Positionen bei Bleicken, S. 565–570.

4 Ebd., S. 568.

im Inneren Galliens stationiert waren, bot die noch unbefestigte und ungeschützte Rheingrenze den auf rechtsrheinischem Gebiet siedelnden Germanenstämmen kein großes Hindernis, ins linksrheinische, wirtschaftlich höher entwickelte gallische Gebiet vorzustoßen. Im Frühsommer des Jahres 16 v. Chr. überquerten germanische Krieger der Sugambrer, Usipeter und Tenkterer den Rhein, um schnelle und gezielte Beutezüge auf linksrheinischem Gebiet durchzuführen. Nachdem der Stoßtrupp eine römische Reiterabteilung geschlagen hatte, zog der in der Nähe lagernde gallische Statthalter Marcus Lollius mit seiner 5. Legion den Germanen entgegen. Obwohl Lollius eine Auseinandersetzung erwartete und die römische Einheit zahlenmäßig überlegen war, gelang es dem Kriegertrupp, Lollius zu überraschen, ihm eine verlustreiche Niederlage zuzufügen und sogar den Legionsadler zu entwenden. Die Germanen zogen sich darauf wieder über den Rhein zurück und entgingen somit dem sofort eingeleiteten Gegenangriff der Römer. Auch wenn diese als lollische Niederlage (*clades Lolliana*) bezeichnete Schlacht keine unmittelbaren Folgen hatte und der germanische Plünderungszug kein Einzelfall gewesen sein wird, zeigte sich Augustus derart aufgeschreckt, dass er gemeinsam mit seinem Stiefsohn Tiberius nach Gallien und später allein an den Rhein reiste, um sich vor Ort ein Bild über die Lage an der Grenze zu machen. Augustus reorganisierte die am Rhein stationierten Truppen und bereitete sie auf einen Feldzug ins germanische Hinterland vor. Um die Finanzierung der Umstrukturierungsmaßnahmen zu gewährleisten, ließ er 15 v. Chr. im zentralgallischen Lug(u)dunum (Lyon) eine Münzstätte errichten sowie in Gallien eine Volkszählung zur Erhebung von Steuern durchführen.

Da die Lage am Rhein fürs Erste beruhigt schien, richtete Augustus seine Aufmerksamkeit auf die Aktivitäten der zwischen den Alpen und der Donau, zwischen Nordschweiz und Oberschwaben siedelnden germanischen

Stämme. Diese hatten sich in den Jahren zuvor aus römischer Sicht nicht weniger bedrohlich gezeigt als die weiter nördlich lebenden Rheingermanen. Tiberius und sein jüngerer Bruder Drusus – die Söhne von Augustus' Frau Livia aus ihrer Ehe mit Tiberius Claudius Nero – wurden ins Alpenvorland geschickt, um möglichen räuberischen Überfällen nach Italien entgegenzuwirken und die Gebirgskette als Sperrriegel zwischen dem Vaterland und den Barbaren zu etablieren. Die Unterwerfung der Räter und Vindeliker dauerte ein Jahr; die ›Befriedung‹ der 46 Stämme des gesamten Alpenraumes zog sich bis 6 v. Chr. hin. Der Dichter Horaz wurde von Augustus (oder eher von Livia, da der Princeps zur Zeit der Abfassung der ersten Ode wohl noch nicht nach Rom zurückgekehrt war) damit beauftragt, die Siege der beiden Söhne Livias zu verherrlichen (*Oden* IV,4 und IV,14).[5]

Im Sommer des Jahres 13 v. Chr. verließ Augustus Gallien, um sich nach Wiederherstellung der Ruhe an Rhein und Donau seinen Aufgaben in Rom zu widmen. Anfang des Jahres hatte der 29-jährige Tiberius gemeinsam mit Varus sein erstes Konsulat angetreten; Drusus war angewiesen worden, als Verwalter der gallischen Provinzen im Norden

5 Stehen in der Ode IV,4 noch die Taten des Drusus uneingeschränkt im Vordergrund, besingt Horaz in IV,14 neben Tiberius vor allem Augustus als den eigentlichen Sieger: »Welches Bemühen der Väter, welches der Römer / soll mit ruhmvollen Ehrungen deine / Verdienste, Augustus, für alle Zeiten / in Gedenkinkschriften und Geschichtsberichten / verewigen? O du, wo immer die Sonne bewohnbare / Küsten bestrahlt, größter der Herrscher: / dich haben, der Satzung Latiums fremd, / die Vindeliker eben erst kennengelernt, / wieviel im Kampf du vermagst. Hat doch mit deinem Heere / Drusus die Genaunen, das unversöhnliche Volk, / die flinken Breunen und die Burgen, / die auf den grausigen Alpen thronten, / niedergezwungen kraftvoll in vielfacher Vergeltung. / Der ältere Nero [Tiberius] hat gleich darauf den schweren Kampf / geführt und die riesigen Räter / geschlagen unter günstigen Zeichen: / welch Anblick er im Streite des Mars, / da er die Herzen, die sich geweiht dem Tode frei, / mit gewaltigen Streichen traf!« (IV,14,1–19; Übers. Bernhard Kytzler) Siehe dazu Eckhard Lefèvre, *Horaz. Dichter im augusteischen Rom*, München 1993, S. 282–286.

zu bleiben. Im folgenden Jahr begannen dann die umfassenden Germanenfeldzüge des Drusus gegen die Stämme an Mittel- und Niederrhein, die ihn bis an die Elbe führten. Auch bei diesen Unternehmungen sind die Motive bis heute nicht eindeutig zu bestimmen: Wollte man eine Art Pufferzone zwischen den Germanenstämmen und der Rheingrenze errichten, um sich vor weiteren Übergriffen zu wappnen? Wollte man die unbekannten Regionen jenseits des Rheins erkunden oder wollte man schlichtweg den Germanen römische Macht zeigen und Rache für Lollius nehmen? In dieser Zeit entstanden entlang des Rheins mehrere befestigte Lager für fünf bis sechs Legionen – Noviomagus (Nijmegen), Vetera (Xanten), Moers-Asberg, Novaesium (Neuss) und Mogontiacum (Mainz) – sowie ab 11 v. Chr. die ersten Sommerlager jenseits des Flusses in Bergkamen-Oberaden und Haltern an der Lippe sowie in Rödgen / Bad Nauheim in der Wetterau. Drusus' erste Feldzüge führten ihn über den Niederrhein nach Norden bis an die Mündung der Ems. Um schneller vom Rhein an die Nordsee zu gelangen, ließ er einen Kanal vom Alten Rhein (wohl östlich von Utrecht) zum Ijsselmeer ausheben (*fossa Drusiana*) und bemühte sich erfolgreich, die Stämme der am Meer wohnenden Friesen und Chauken als Verbündete zu gewinnen. Die Gegend der Brukterer weiter südlich wurde jedoch verwüstet, der Stamm sowie seine Anrainer erfolgreich bekämpft. Nachdem Drusus den Winter in Rom verbracht hatte, begann er im Frühjahr 11 v. Chr. einen weiteren Feldzug, in dem er die Usipeter und Tenkterer bekämpfte und bis zum Oberlauf der Weser vorstieß. Obwohl er mit seinen Legionen weitgehend ungehindert durch das germanische Territorium marschieren konnte, gelang es ihm nicht, die dort lebenden Stämme dauerhaft zu unterwerfen. Da die Germanen im Gegensatz zu den Galliern keine städtischen Zentren besaßen, die die Römer als Ziele ihrer Angriffe hätten auswählen können, waren die Stämme östlich des Rheins mit römischer Militärtaktik

schwieriger zu bezwingen als die Gallier.[6] Die römische Politik der Gebietserkundung und Grenzsicherung zog sich bis ins Jahr 9 v. Chr. hin, als Drusus – nun erstmals Konsul – zu seinem vierten Germanienfeldzug aufbrach, der ihn über die Wetterau (oder über das befestigte Lager in Marktbreit, Kreis Kitzingen) nach Norden durch das Gebiet der Chatten und Cherusker bis an die Elbe in Höhe der Saalemündung brachte. Auf dem Rückzug zum Rhein, bei dem er möglicherweise das Lager Hedemünden an der Werra errichtete, stürzte er jedoch vom Pferd und zog sich eine Verletzung zu, an der er einen Monat später im Alter von 29 Jahren noch auf germanischem Boden starb. Wie besorgt Augustus um den erfolgreichen Abschluss des Unternehmens gewesen sein muss, zeigt die Schnelligkeit, mit der er Tiberius von Rom nach Germanien schickte, wo dieser seinen Bruder noch lebend antraf.[7] Tatsächlich war in militärischer Hinsicht der Tod des Drusus für Augustus ein herber Verlust, scheint er doch die Germanenpolitik des Princeps weitaus eigenständiger und dynamischer vorangetrieben zu haben als sein eher zögerlicherer Bruder Tiberius. Der Leichnam wurde nach Rom überführt – nachdem ihm Augustus bis Pavia entgegengereist war –, mit großem Pomp auf dem Marsfeld verbrannt und im Augustusmausoleum beigesetzt. In Mainz errichtete das Heer Drusus zu Ehren einen noch heute stehenden, ursprünglich etwa 30 Meter hohen Kenotaph, den sogenannten Drusus- oder Eigelstein, in dessen Umfeld bis ins 3. Jahrhundert Gedenkfeiern abgehalten wurden. Die dynastische und politische Bedeutung dieses Feldherrn wird schon dadurch deutlich, dass ihm und seinen Nachkommen der Ehrenname ›Germanicus‹ gewährt wurde und zwei seiner Söhne aus der

6 Vgl. Wells, S. 71 f.

7 Dass Tiberius beim Tod des verletzten Drusus nachgeholfen habe, weil er wusste, dass dieser nicht vom selben Vater, sondern von Augustus stammte, der Livia kurz vor Drusus' Geburt geheiratet hatte, ist eine interessante, aber nur schwer beweisbare Spekulation.

Ehe mit Augustus' Nichte Antonia – Germanicus, der Feldherr der frühen Regierungsjahre des Tiberius, und Claudius, der römische Kaiser 41–54 n. Chr., sowie sein Enkel Caligula, der 37–41 n. Chr. regierte – in der nachaugusteischen Politik eine nicht geringe Rolle spielten.

Die Nachfolger des Drusus als Befehlshaber der Rheinarmee waren Tiberius (bis 6 v. Chr.), Lucius Domitius Ahenobarbus (bis 1 n. Chr.), Marcus Vinicius (bis 4 n. Chr.), Gaius Sentius Saturninus (bis 7 n. Chr.) und schließlich Publius Quinctilius Varus. Domitius legte in den Moorgebieten zwischen Rhein und Ems Knüppeldämme (*pontes longi*) an, um die Erschließung dieser schwer zugänglichen Region zu erleichtern. Doch sein eigentliches Aktionsgebiet lag im Donauraum, von wo es ihm 3 v. Chr. gelang, die Elbe zu überqueren und auf dem jenseitigen Ufer einen Augustusaltar zu errichten. Zuvor war der Stamm der Hermunduren vom Elbe-Saale-Gebiet nach Süden gezogen und hatte dabei die Markomannen nach Südosten ins Gebiet des heutigen Böhmen getrieben, da diese einer Konfrontation mit den Römern südlich der Donau aus dem Weg gehen wollten. Die Konfrontation zwischen den Römern und dem Markomannenkönig Marbod (Maroboduus) wurde aber nur aufgeschoben. Auch Tiberius traf im Sommer 4 n. Chr. noch einmal im nördlichen Rheinland ein. Er durchquerte Nordgermanien, marschierte ohne Zwischenfälle zur Weser und bezog auf seinem Rückzug in einem der Lager an der Lippe sein Winterquartier. Zum ersten Mal überwinterten römische Legionen östlich des Rheins.

Drusus scheint seinen Nachfolgern nur noch die administrative Umsetzung der Provinzialisierung Germaniens übrig gelassen zu haben.[8] Dies scheint auch der Verwendungszweck der diversen Lager rechts des Rheins zu be-

8 Velleius schreibt bereits für das Jahr 8 v. Chr. folgendes Fazit: »Er [Tiberius] unterwarf Germanien so vollständig, daß er es fast zu einer steuerpflichtigen Provinz machte« (II,97,4). Vgl. auch Bleicken, S. 582f.

stätigen, die keineswegs nur eilig errichtete, temporäre Unterkünfte waren: »Das Lager Haltern an der Lippe glich in seiner baulichen Gestaltung schon annähernd einer befestigten Stadt; Waldgirmes im Lahntal war bereits als reine Zivilsiedlung ausgebaut«.[9] Wenn Augustus im Jahr 8 v. Chr. das Pomerium, die heilige Stadtgrenze Roms, nach vorne verschob – was nur einem Herrscher gestattet war, der die Grenzen des Reiches vergrößert hatte –, dann kann das nur aufgrund der Gebietserweiterung in Germanien geschehen sein.[10] Auch das Fazit des Velleius, der Tiberius bei seinem Feldzug im Jahr 4 begleitete, ist eindeutig: »Es blieb in Germanien nichts mehr zu erobern übrig, außer dem Volksstamm der Markomannen« (II,108,1). Die römischen Eroberungen in Germanien waren in der Tat so gut wie abgeschlossen; das nördliche Germanien zwischen Rhein, Elbe/Saale und Main gestaltete sich als eine zukünftige römische Provinz.

Der konzertierte Feldzug gegen die Markomannen begann im Frühjahr des Jahres 6 n. Chr. In einer von Mogontiacum (Mainz) und Carnuntum an der Donau (beim heutigen Bad Deutsch-Altenburg zwischen Wien und Bratislava) ausgehenden Zangenoffensive sollten jeweils fünf bis sechs Legionen plus Hilfstruppen unter dem Kommando von Tiberius und Saturninus das Gebiet der Markomannen einschließen und erobern. Marbod, der aus vornehmem germanischem Geschlecht stammte, mehrere Jahre in Rom gelebt und militärisch erzogen worden war und, wie Velleius schreibt, eher seiner Herkunft nach

9 Eck, S. 95. – Zum Lager Oberaden schreibt Wolters, *Die Römer in Germanien*, S. 45: »Der von Oberaden ausgehende Machtanspruch war unübersehbar. Raumschiffartig – oder wie ein frühneuzeitliches Fort in den Kolonialgebieten – erhob sich die gewaltige Anlage inmitten einer von eher lockeren Stammesstrukturen geprägten bäuerlichen Welt. Ein größerer Kontrast zu den germanischen Gehöften, als ihn diese stark befestigte und bestens organisierte Bastion mit einer möglichen Besatzung von weit über 10000 Mann bot, war kaum denkbar.«

10 Vgl. Bleicken, S. 583, und Wolters, *Die Römer in Germanien*, S. 37.

denn aufgrund seines Intellekts als Barbar angesehen werden musste (II,108,2), hatte sich 8–6 v. Chr. auf das Gebiet der Bojer (Böhmen) zurückgezogen. Er strebte ein fest gegründetes Reich mit königlicher Gewalt an, das er in gewisser Entfernung von den Römern etablieren wollte. Aus römischer Sicht konnte dies nicht ohne Widerspruch bleiben, betrieb doch Marbod eine expansive Politik, indem er auf die nördlich von ihm siedelnden Elbgermanen Druck ausübte. Die militärischen Anstrengungen der Römer – fast die Hälfte des gesamten römischen Militärpotentials wurde aufgewandt, um gegen die Markomannen zu ziehen – verdeutlichen, wie wichtig Augustus die Unterwerfung dieses Stammes gewesen sein muss. Nachdem beide Heere bereits losmarschiert waren, erreichte Tiberius die Nachricht von einem Aufstand in Pannonien (Niederösterreich). Die dortigen Stämme, die in der Zeit zwischen 12 und 9 v. Chr. von ihm mit leichter Hand unterworfen worden waren, da sie sich vermutlich untereinander nicht abgesprochen hatten und keine gemeinsame Aktion gegen die römischen Aggressoren zustande gekommen war,[11] hatten sich nun offensichtlich zusammengeschlossen, um gegen die römische Okkupation vorzugehen. Tiberius sah sich also gezwungen, den Feldzug gegen die Markomannen abzubrechen, einen Freundschaftsvertrag mit Marbod zu schließen (um sich vor einem Überfall in den Rücken zu schützen) und nach Pannonien zu marschieren.

Im nördlichen Germanien war zu dieser Zeit alles ruhig. Als Varus im Frühjahr 7 n. Chr. Sentius Saturninus als Befehlshaber der Rheinarmeen ablöste, sah er sich eher mit Verwaltungsfragen denn mit militärischen Auseinandersetzungen konfrontiert. Zwar hatten die Römer das Land noch nicht in allen Einzelheiten erfasst, doch war die Provinzialisierung bereits so weit fortgeschritten, dass man begann, sich in innergermanische Streitigkeiten einzumi-

11 Vgl. Eck, S. 95.

schen, an einzelne Adelige das römische Bürgerrecht zu verleihen, Verträge mit den Stämmen abzuschließen, die Verschickung von Stammessöhnen nach Rom zur Ausbildung zu organisieren, Steuern und Abgaben zu erheben sowie Recht zu sprechen. Varus wurde denn auch von Augustus wegen seines administrativen Fachwissens an den Rhein geschickt und um Nordgermanien während des Aufstandes an der Donau ruhig zu halten.

Der 47 oder 46 v. Chr. geborene Varus entstammte der altrömischen Adelsfamilie der Quinctilier. Er war mit Claudia Pulchra, einer Großnichte des Augustus, verheiratet und gehörte somit zum größeren Familienkreis des Princeps. 22 v. Chr. begleitete er Augustus auf seiner Reise in den Osten, und 13 v. Chr. bekleidete er gemeinsam mit Tiberius das Konsulat. 8/7 v. Chr. hielt er sich als Prokonsul in der Provinz Africa auf und 7–4 v. Chr. als Legat in Syrien. Als Herodes der Große 4 v. Chr. in Iudaea starb, sah sich Varus mit Aufständen konfrontiert, die er unmittelbar niederschlug. Seine blutige Herrschaft in Syrien veranlasste Velleius dreißig Jahre später, Varus als einen Menschen zu bezeichnen, der als armer Mann das reiche Syrien betrat und als reicher Mann das arme Syrien wieder verließ (vgl. II,117). Velleius schildert ihn aber keineswegs als kriegerischen Feldherrn, sondern als einen Mann »von milder Gemütsart und ruhigem Temperament, etwas unbeweglich an Körper und Geist, mehr an müßiges Lagerleben als an den Felddienst gewöhnt« (ebd.). Da die Germanen ruhig waren und auch Marbod sich an den Freundschaftsvertrag mit Rom hielt, tat Varus das, wozu er nach Germanien gekommen war: Er begann, als offizieller römischer Repräsentant auf germanischem Boden Steuern einzutreiben, auf Münzen seinen Namen bzw. sein Kürzel einprägen zu lassen und Recht zu sprechen, was ihm später von mehreren Historikern zum Vorwurf gemacht und als Grund für seine Niederlage im *saltus Teutoburgiensis* angegeben wurde (vgl. Velleius II,117,3 f.; Cassius Dio

56,18,3 f.; Florus II,30,31). Nordgermanien war zu dieser Zeit seit mindestens 15 Jahren fest in römischer Hand, und in den diversen Militärlagern auf rechtsrheinischem Gebiet hatten sich bereits Handelsbeziehungen zwischen den germanischen Stämmen und den Römern entwickelt. Rom sah also keinerlei Veranlassung, die Erhebung von Tributen noch länger aufzuschieben.

Im Gefolge des Varus befand sich auch jener cheruskische Häuptlingssohn, den die Nachwelt nur unter seinem lateinischen Namen kennt: Arminius.[12] Ebenso wie sein Bruder Flavus und Söhne anderer Germanenhäuptlinge hatte Arminius einige Jahre in Rom verbracht, wurde militärisch ausgebildet und war von der römischen Verwaltung mit dem Bürgerrecht ausgezeichnet worden, um auf diese Art eine gewisse Loyalität gegenüber Rom sicherzustellen. Sein Geburtsjahr liegt zwischen 18 und 16 v. Chr. – er war also etwa 24 Jahre alt, als er 7 n. Chr., wahrscheinlich aus Pannonien kommend, als Befehlshaber einer cheruskisch-germanischen Hilfstruppeneinheit in seine Heimat zurückkehrte. Die römischen Hilfstruppen (*auxilia*) bestanden aus 500 bis 1000 Mann und wurden in der Regel von einem höheren Stammesmitglied angeführt. Sie waren entweder Bestandteil der leichten Infanterie oder in spezialisierten Verbänden wie den Reitertruppen zusammengefasst. Neben der Auszeichnung als römischer Bürger, die er für besondere Verdienste erhalten haben wird, war Arminius auch der in der römischen Gesellschaft nicht unbedeutende Rang eines Ritters verliehen worden. Durch seinen Dienst bei den römischen Truppen wird er mit der militärischen Vorgehens- und Denkweise

12 Der Name ›Hermann‹ ist eine in der Neuzeit entstandene, etymologisch falsche Übersetzung des lateinischen Namens, die sich als »Herman« vielleicht erstmals bei Martin Luther findet; vgl. M. L., *Werke (Weimarer Ausgabe)*, Bd. 31, Weimar 1913/14, S. 205 f. (*Der 82. Psalm ausgelegt*), und Bd. 50, ebd. 1914, S. 147 f. und 153 (»Aliquot nomina propria Germanorum ad priscam etymologiam restituta«).

der römischen Armee bestens vertraut gewesen sein. Mit seinem Dienstherrn Varus soll er gelegentlich sogar das Essen eingenommen haben (vgl. Cassius Dio 56,19,2).

Die rechtsrheinischen Germanenstämme, die das Gebiet zwischen Rhein, Donau und Weichsel bewohnten, lebten zu dieser Zeit auf Einzelgehöften oder in winzigen Siedlungen, die aus mehreren Höfen bestanden.[13] Die einzelnen Gehöfte lagen zwischen 800 und 1200 Meter voneinander entfernt. Dörfer oder gar stadtähnliche Ansammlungen (*oppida*) mit mehreren Hundert bis über tausend Einwohnern, wie sie in Gallien anzutreffen waren, gab es in Germanien nicht. Menschen und Tiere bewohnten gemeinsam große, fensterlose Häuser, die bis zu 30 Meter lang und 6 Meter breit sein konnten und meist zwei Eingänge hatten.[14] Eine Querwand trennte den Wohn- vom Stallbereich ab. Im Wohnbereich gab es eine große Feuerstelle und mehrere Schlafmöglichkeiten. Zu den Haus- und Nutztieren zählte man Rinder, Schweine, Schafe, Ziegen und Hühner. Man ernährte sich vom Fleisch der Tiere oder ihren Produkten (Milch, Butter und Käse), betrieb aber vor allem Ackerbau. Die Grundlage der Ernährung bildeten Weizen, Gerste und Hafer, aus denen man Brot buk und Getreidebrei herstellte. Auch Hülsenfrüchte, Kräuter und Wildfrüchte wurden je nach Jahreszeit verzehrt.[15] Neben Ton, Holz und Kalk war Eisen einer der meistverwendeten Rohstoffe. Nachdem die zur Verarbei-

13 Gemeinsam war den Germanen nur Sprache und Lebensform. Ein Zusammengehörigkeitsgefühl oder gar ein gemeinsames politisches Oberhaupt kannten sie nicht. »Von einer germanischen Einheitsfront oder gar einem ›nationalen Aufstand der Germanen‹ kann also überhaupt keine Rede sein« (Schlüter/Wiegels, S. 648).

14 Vgl. hierzu und zum Folgenden: *Spuren der Jahrtausende*, S. 274–295.

15 Geldwirtschaft oder Schriftkultur waren bei den Germanen nicht bekannt; man lernte sie erst im Kontakt mit den Römern kennen (spätestens seit Caesars Beutezügen über den Rhein, 55 und 53 v. Chr.). Die frühesten datierbaren Runen – ein aus 24 Zeichen bestehendes Alphabet, mit dem In-

tung notwendige Holzkohle in Meilern erzeugt worden war, wurde Raseneisenerz in einfachen Rennöfen verhüttet, wobei Innentemperaturen von 1300 Grad Celsius bei einer über 40 Stunden dauernden Verhüttung erreicht werden konnten. Das geschmolzene Eisen, die Luppe, sammelte sich am Boden und konnte nach dem Erkalten in Schmiedewerkstätten zu Gebrauchsgegenständen und Waffen weiterverarbeitet werden. Kleine Verhüttungsplätze sowie große Ansammlungen von Rennöfen in der Nähe einzelner Siedlungen bezeugen, dass die Eisenverhüttung sowohl für regionale Bedürfnisse als auch zum überregionalen Handel betrieben wurde.

Die typischen Waffen der germanischen Krieger waren die *Frame*, eine Art Lanze oder Speer mit schmaler, kurzer Eisenspitze, die als Stoß- oder Wurfwaffe eingesetzt werden konnte, dann ein als Hiebwaffe geeignetes Langschwert, die *Spatha*, ferner ein Kurzschwert, das als Stoßwaffe verwendet wurde, sowie ein Kampfmesser, der *Sax*. Die Germanen kämpften zu Fuß; Pferde waren den Anführern vorbehalten.

Zur Verteidigung und zum Schutz vor Angriffen benutzte man einen runden oder ovalen, meist bemalten Holzschild, dem auf der Vorderseite ein eiserner Buckel aufgesetzt war, mit dem man einen Gegner rammen oder umstoßen konnte. Helme oder Panzerhemden, wie sie die römische Armee verwendete, wurden eher selten getragen. Streitäxte kamen erst einige Jahrhunderte später auf, und geflügelte Helme gehören ins Reich der Phantasie. Der germanische Kämpfer war demnach im Vergleich zu einem römischen Legionär zwar schlechter ausgestattet, doch durch die Leichtigkeit seiner Ausrüstung erheblich wendiger.

Der Einfluss, den die römischen Kampf- und Waffentechniken auf die Germanen hatten, darf jedoch nicht

schriften auf Schmuckstücke oder Waffen eingraviert sowie in Holz geschnitzt wurden – gehen in das 2. Jahrhundert n. Chr. zurück. Ob die Ursprünge bis zur Zeitenwende zurückreichen, ist ungewiss.

unterschätzt werden. »Waffen entwickelten sich zu einem wichtigen Bestandteil der männlichen Identität, was auf eine zunehmende militärische Gewaltbereitschaft im großen Rahmen deutet«.[16] Geht man davon aus, dass die Auseinandersetzung im *saltus Teutoburgiensis* vor allem von ortsansässigen Germanen geführt wurde, dann setzt die Planung der Schlacht intensive kommunikative Beziehungen zwischen den Gehöften und Stämmen voraus, die es Arminius erlaubten, mehrere Tausend Krieger neben den germanischen Soldaten, die ihm in seiner Hilfseinheit zur Verfügung standen, in seiner ›Armee‹ gegen Varus zu vereinen. Selbst bei einem Siedlungsabstand von 1500 Metern zwischen den einzelnen Gehöften war es Arminius bei einer Durchschnittsanzahl von 20 Personen pro Hof noch theoretisch möglich, auf einem Gebiet von 80 mal 80 Quadratkilometern etwa 17000 kampftaugliche Männer zu rekrutieren.[17] Ungeklärt bleibt dann jedoch, wie die Rekrutierung mehrerer Tausend Germanen von den Römern hat unbemerkt bleiben können. Falls jedoch Arminius' gesamte Auxiliareinheit an seiner Seite kämpfte, so standen ihm hier bereits maximal tausend ausgebildete und unter Waffen stehende Soldaten zur Verfügung, auch wenn die Wahrscheinlichkeit, dass ein Auxiliarsoldat den geplanten Aufstand bei einem seiner Vorgesetzten meldete, nicht unbedacht bleiben darf. Möglich ist auch, dass weitere Hilfstruppen sich anschlossen, so dass die Varusschlacht durchaus als Revolte germanischer Soldaten innerhalb der römischen Armee zu bezeichnen ist.[18]

16 Wells, S. 119.

17 So die Berechnung von Wells, S. 120f. – Die tatsächliche Anzahl der Germanen wird freilich nicht zu ermitteln sein.

18 Vgl. hierzu vor allem Timpe, *Arminius-Studien*, S. 49 und 108. Eine andere, etwas spekulative These geht davon aus, dass die Germanen zur Tag-und-Nachtgleiche im September 9 ein rituelles Kultfest veranstalteten und Varus dazu eingeladen hatten (s. Brepohl, *Neue Überlegungen*, S. 44–66).

Die Schlacht im Teutoburger Wald fand sehr wahrscheinlich im September des Jahres 9 n. Chr. (= 762 *ab urbe condita*) statt. Der Hergang der Ereignisse ist aus den uns überlieferten Schriften nicht eindeutig zu rekonstruieren. Weder der Ort noch die Dauer der Auseinandersetzung sind zweifelsfrei zu benennen, da sich die Quellen widersprechen. Einzig die Jahreszeit scheint gesichert, da alle antiken Autoren davon sprechen, dass sich Varus nach einem Aufenthalt in einem oder mehreren Sommerlagern auf dem Rückmarsch ins Winterquartier an den Rhein befand,[19] als er von den Germanen in einen Hinterhalt gelockt und mitsamt der Mehrzahl der Soldaten seiner drei Legionen (bei voller Stärke insgesamt 15000 bis 20000 Mann – je nach Größe der Legionen und Anzahl der Hilfskontingente) vernichtet wurde. Zieht man nur die Schriftquellen zu Rate, ist es nicht einmal gesichert, dass die Legionen des Varus unterwegs, also marschierend, überfallen wurden. Florus spricht zu Beginn des 2. Jahrhunderts davon, dass die Germanen Varus während eines Gerichtstages in einem der Lager überfielen: »Daher fielen die Germanen unversehens von allen Seiten auf Varus ein, der nichts ahnte und vor etwas Derartigem auch keine

19 Genau genommen ist nicht einmal die Marschrichtung der Varusarmee den Quellen eindeutig zu entnehmen. Cassius Dio spricht zwar davon, dass Varus von der Weser kommend durch angeblich befreundetes Gebiet marschierte (56,18f.), doch Tacitus lässt Germanicus sechs Jahre später von Westen kommend das Schlachtfeld aufsuchen (*Annalen* I,60f.). Eindeutig scheint aber anhand der archäologischen Befunde zu sein, dass die Marschrichtung der bei Kalkriese bekämpften Legionen von Ost nach West verlief (so neben anderen Wolters, »Hermeneutik des Hinterhalts«, S. 142). – Zur Frage des Sommerlagers meint Timpe, »Geographische Faktoren«, S. 25: »Unberechtigt scheint mir die alte Vorstellung, es habe ›das‹ Sommerlager an der Weser gegeben, das Besatzungsheer sei zwischen Winterquartier am Rhein und Sommerlager in Germanien hin- und hergezogen. Es wird vielmehr immer deutlicher, daß die Lager nicht als isolierte und feste Bastionen, sondern nur als Knotenpunkte von Kommunikationslinien verstanden werden können.« Zum Sommerlager siehe den Artikel »Archäologen finden Lager des Römer-Feldherrn« in *Spiegel-Online* vom 7. August 2008.

Angst hatte, als jener – o welch Sicherheit! – zu Gericht rief; das Lager wurde ausgeraubt, drei Legionen niedergemacht« (XXX,34).[20] In Velleius' Bericht scheint die Schlacht dagegen im unwegsamen Gelände stattgefunden zu haben: »Weder zum Kämpfen noch zum Ausbrechen bot sich ihnen, so sehnlich sie es auch wünschten, ungehindert Gelegenheit [...]. Eingeschlossen in Wälder und Sümpfe, in einen feindlichen Hinterhalt, wurden sie Mann für Mann abgeschlachtet, und zwar von demselben Feind, den sie ihrerseits stets wie Vieh abgeschlachtet hatten [...]« (II,119). So auch bei dem im 3. Jahrhundert schreibenden Cassius Dio, der darlegt, dass Varus »auf dem Marsch durch angeblich befreundetes Gebiet mit geringerer Mühe überwältigt werden [...] sollte.« Die Verschwörer »griffen, nachdem man allerorts die dort befindlichen, zuvor erbetenen Garnisonen niedergemacht hatte, den Feldherrn selber an, der sich bereits inmitten undurchdringlicher Wälder befand« (56,19,4 und 5). – Zur Dauer des Schlachtgeschehens ist zu sagen, dass es zwischen einem (Florus) und drei bis vier Tagen gedauert haben mag (Cassius Dio). Wells geht sogar davon aus, dass Cassius Dio seiner Beschreibung viel dramatische Ausschmückung beigefügt hat und sich das Geschehen in Kalkriese innerhalb weniger Stunden zugetragen haben wird.[21] Andere, wie Eck, nehmen Cassius Dio beim Wort und schlussfolgern, dass das Gemetzel sich wahrscheinlich über mehrere Tage hinzog und es *den* Ort der Varusschlacht nie gegeben habe.[22]

Die drei bzw. vier für die wissenschaftliche Aufarbei-

20 Zur Glaubwürdigkeit dieser Stelle meint Callies, S. 176: »Eine Erstürmung eines solchen Lagers ist übrigens sehr unwahrscheinlich, da den Germanen Belagerungserfahrung weitgehend fehlte.« Auch die nach der Varusschlacht misslungene Einnahme des Lagers Aliso spricht für die Unwahrscheinlichkeit der Aussage des römischen Historikers (vgl. Velleius II,120,4).

21 Wells, S. 177: »Die Schlacht, wenn wir sie so nennen dürfen – ›Massaker‹ wäre ein angemessenerer Begriff –, dauerte etwa eine Stunde.«

22 Vgl. Eck, S. 98.

tung der Schlacht wichtigen Historiker – Velleius, Florus, Cassius Dio und für die Jahre nach der Schlacht Tacitus – haben je eigene Schwerpunkte gesetzt. Von Velleius erfahren wir beispielsweise die Zahlenstärke der getöteten Legionen (drei Legionen, drei Reitergeschwader, sechs Hilfstruppen) sowie den Zeitpunkt der Schlacht (fünf Tage nach dem Ende der Kämpfe in Pannonien und Dalmatien). Ferner spricht er über die Charaktereigenschaften von Varus und Arminius und die Übergabe des abgeschlagenen Varushauptes an Marbod. Florus hingegen lenkt die Aufmerksamkeit seiner Leser auf die Grausamkeit der Germanen: »Nichts war blutiger als jene Niederlage in den Sümpfen und Wäldern, nichts unerträglicher als der Übermut der Barbaren« (XXX,36). Ebenso wie fast alle Historiker erwähnt er die Leichtgläubigkeit des Varus, dem die Schuld an der Niederlage zukomme. Cassius Dio seinerseits liefert den detailliertesten Bericht. Hier erfährt die Nachwelt von den sprichwörtlich gewordenen »undurchdringlichen Wäldern« Germaniens (56,19,5), von »Baumriesen« (56,20,1), von immerwährendem Sturm und Regen,[23] von Frauen, Kindern und Sklaven, die mitmarschiert sein sollen, von den Mühen, die die Römer in diesem unbekannten Terrain hatten, mit ihrem drei bis viereinhalb Kilometer langen Tross voranzukommen, und von Varus, dessen Eintreibung überhöhter Steuern zum Aufstand gegen die Römer geführt habe. Cassius Dio erwähnt auch innergermanische Streitigkeiten, denn nicht alle cheruskischen Stammesfürsten waren mit Arminius' Plänen einverstanden: Von Segestes, dem Führer einer rivalisierenden Gruppe, sei Varus vor Verschwörung, Hinterhalt und Verrat gewarnt worden, doch habe dieser ihm keinen

23 Dazu Timpe, »Geographische Faktoren«, S. 16: »Wir dürfen uns demnach nicht vorstellen, daß die Rede von germanischen ›Wäldern und Sümpfen‹, von Verkehrsfeindlichkeit und Unwegsamkeit nur literarische Topik war, abseits derer die merkantile Realität ihre eigenen Wege ging.«

Glauben schenken wollen.[24] Selbst von der Reaktion des Augustus, der einige Tage nach der Schlacht von der Niederlage seines Legaten erfuhr, weiß Cassius Dio einiges zu berichten. Tacitus verfasst zwar die weitaus umfangreichste Darstellung der Ereignisse in Germanien, doch beginnt sein Bericht erst nach dem Tode des Augustus und umfasst die Jahre 14–17 n. Chr., d. h. die Rache- und Eroberungsfeldzüge des Germanicus. Das Geschehen der Varusniederlage findet lediglich en passant und in Rückblicken Erwähnung. Andere Autoren wie die beiden Senecae, Plinius d. Ä. oder Frontinus erwähnen die Schlacht zwar nur eher beiläufig, liefern aber das eine oder andere wichtige Detail und bezeugen darüber hinaus, dass Varus im 1. Jahrhundert zumindest im Bewusstsein der Intellektuellen gewesen sein muss. Nicht zu vergessen der griechische Geograph Strabon, der uns mitteilt, dass Thusnelda beim Triumph des Germanicus mitgeführt wurde, sowie Sueton, der gut einhundert Jahre nach der Schlacht den bekannten Ausspruch des Augustus »Varus, gib mir meine Legionen wieder!« (*Augustus* 23) überliefert. Verloren gegangen sind leider eine zwanzigbändige Darstellung der Germanenkriege des älteren Plinius (vgl. Plinius d. J., *Epistulae* III,5), eine historische Schrift von Aufidius Bassus sowie ein von Velleius verfasstes Werk zu den Germanenkriegen – falls er es je geschrieben hat (vgl. II,119,1).

Wie immer der Wahrheitsgehalt der einzelnen antiken Autoren auch zu beurteilen sein mag: Anhand der Schriftquellen allein ist der Hergang der Schlacht nicht zufriedenstellend und widerspruchsfrei zu rekapitulieren.

24 Von einem gesamtgermanischen Aufstand kann also keine Rede sein, wenn schon innerhalb des cheruskischen Stammes Uneinigkeit herrschte.

Die archäologischen Befunde von Kalkriese

Obwohl Scharen von Wissenschaftlern und Hobbyhistorikern fast fünfhundert Jahre lang die Angaben der antiken Autoren minutiös seziert und versucht haben, sie auf die norddeutsche Landschaft zu übertragen, war es bis 1987 nicht einmal gelungen, überhaupt ein größeres Schlachtfeld zwischen Rhein und Weser ausfindig zu machen. In jenem Jahr entdeckte der britische Offizier Tony Clunn in der Nähe von Alt-Barenau bei Kalkriese (Kreis Bramsche, nördlich von Osnabrück) eine Ansammlung von römischen Münzen sowie drei Schleuderbleie.[25] Vor allem die Entdeckung der Schleuderbleie, die eindeutig auf die Anwesenheit römischen Militärs hinweisen, gab den Anstoß, ein umfangreiches archäologisches Forschungsprojekt zu starten, das bis heute nicht abgeschlossen ist. Was mit ein paar römischen Münzen begann, stellt heute das größte archäologisch bearbeitete Schlachtfeld der Antike mit bislang rund 5000 ans Tageslicht geförderten Einzelobjekten dar. Schon nach wenigen Wochen konnten die Ausgrabungen belegen, dass bei Kalkriese umfangreiche Kampfhandlungen zwischen Römern der spätaugusteischen Zeit und Germanen stattgefunden haben müssen.[26] Nun war (und ist) es an der Archäologie herauszufinden, ob es sich um den Ort der Varusschlacht von 9 n. Chr.

25 Siehe dazu den von Tony Clunn verfassten Entdeckungsbericht *Auf der Suche nach den verlorenen Legionen*, Bramsche 1998.

26 Bereits Theodor Mommsen erwog bekanntlich Alt-Barenau als möglichen Ort der Varusschlacht. Er stützte seine Vermutung auf eine Sammlung römischer Münzen (darunter 1 Aureus, 179 Denare und 2 Kupfermünzen). Aufgrund des weitgehenden Fehlens von Kupfermünzen, die das eigentliche Soldatengeld darstellten, sowie anderer Militärgegenstände lehnte man Mommsens Theorie seinerzeit jedoch ab. Bereits rund 100 Jahre zuvor hatte der Osnabrücker Jurist Johann Eberhard Stüve den Münzfund in seiner *Beschreibung und Geschichte des Hochstifts und Fürstenthums Osnabrück* (Osnabrück 1789) mit der Varusschlacht in Zusammenhang gebracht (S. 142) und auf dem Frontispiz seiner Schrift einen Gaius/Lucius-Aureus abgebildet (zu sehen in Berger, *Kalkriese 1*, S. 8f.).

oder um den Ort der Schlacht an den *pontes longi*, die 15 n. Chr. ausgetragen wurde, handelt. Denn wie Tacitus in seinen *Annalen* (I,63,3–68,5) mitteilt, geriet der römische Legat Aulus Caelius Caecina, nachdem er gemeinsam mit Germanicus die menschlichen und tierischen Überreste der Varusschlacht in Massengruben beigesetzt hatte, im Spätsommer oder Herbst des Jahres 15 n. Chr. auf dem Weg vom Landesinnern zur Ems in einer Gegend, in der einige Jahre zuvor lange Knüppeldämme über unwegsame, wasserreiche Flächen gebaut worden waren, mit vier Legionen in einen Hinterhalt. Die Beschreibung dieser Auseinandersetzung liest sich wie eine Spiegelung der Niederlage des Varus.[27] Im Gegensatz zu diesem konnte jener jedoch entkommen, wenn auch nur unter großen Verlusten. Die Schilderung der mit Sicherheit zwischen Ems und Weser anzusiedelnden Landschaft – Wasserläufe, die von einer Anhöhe herunterkommen, eine schmale Ebene zwischen Bergen und Sümpfen, von der aus die Germanen angreifen, und ein vorgelagertes Moor – weist eine große Ähnlichkeit mit den topographischen Gegebenheiten der Kalkrieser-Niewedder-Senke auf.[28] Außer-

27 Zur Frage, inwieweit die Identifizierung von Kalkriese als dem Ort der Varusschlacht Auswirkungen auf die Interpretation der Funde und Befunde hat, bei der archäologische und literarische Quellen sich gegenseitig stützen, siehe Reinhard Wolters, »Hermeneutik des Hinterhalts: die antiken Berichte zur Varuskatastrophe und der Fundplatz von Kalkriese«.

28 Hierzu meint Wolters, *Die Römer in Germanien*, S. 53: »Allerdings können wir die Genauigkeit der beiden Berichte und die sachliche Richtigkeit der dort gegebenen Details kaum zutreffend beurteilen. Viele Elemente [...] können einer allgemeinen Nordländer-Topik, wie man sie sich zumal von Italien aus vorstellte, entnommen und hier nur zu Ausmalungen herangezogen worden sein. Auch sahen die antiken Geschichtsschreiber mehrere Situationen als unmittelbare Parallelen zur Varuskatastrophe. Bei diesbezüglichen Schilderungen übernahmen sie offensichtlich Versatzstücke aus diesem besser dokumentierten Ereignis, oder sie spielten mit je eigener Aussageabsicht darauf an. Auch anläßlich des Caecinahinterhalts betont Tacitus ausführlich die Parallele zur Varuskatastrophe und lenkt so den Blick des Lesers darauf, warum Caecina im Gegensatz zu Varus ein Entkommen gelang.«

dem erwähnt Tacitus, Caecina sei unschlüssig gewesen, »wie er die im Laufe langer Zeit zusammengebrochenen Bohlenwege wiederherstellen und zugleich den Feind abwehren solle«. Er beschloss daher, »an Ort und Stelle ein Lager abzustecken, damit der eine Teil mit der Befestigungsanlage beginnen, der andere den Kampf aufnehmen könne« (*Annalen* I,63,4 f.).[29]

Die Kalkrieser-Niewedder-Senke ist ein am Nordrand des Wiehengebirges liegender, zwischen dem knapp 160 Meter hohen Kalkrieser Berg und dem Großen Moor hindurchführender, 6 Kilometer langer und an seiner schmalsten Stelle 1 Kilometer breiter Engpass. Über einem 30 Quadratkilometer großen Areal wurden auf einer 17 Kilometer langen und 2 Kilometer breiten Fläche entlang des Berges neben fast 2000 Münzen vor allem römische Militaria und Alltagsgegenstände gefunden: Zum militärischen Bereich gehören Nah- und Fernwaffen, Angriffs- und Schutzwaffen, Uniform- und Trachtbestandteile (u. a. Helmbuschträger, Scharniere, Schnallen, Ketten- und Schienenpanzer, Randbeschläge, Schildbuckel, Sandalennägel und eine komplett erhaltene versilberte Gesichtsmaske eines Helmes [vgl. Umschlagabbildung]). Unter den Funden, die Pferden und Wagen zugerechnet werden, befinden sich Reit- und Zuggeschirrfragmente, Riemenlaschen und -beschläge, eine bronzene Glocke sowie Wagenzubehör. Zu den Alltagsgegenständen gehören Ton- und Keramikscherben, Spielsteine aus Glas und Bein sowie einige Perlen. Die Gerätschaften können sowohl den Alltagsgegenständen als auch den Militaria zugerechnet werden. Sie umfassen Teile von Äxten und Sicheln, Vermessungsgeräte, Bleilote, diverse Beitel und Pfrieme, Ahlen zur Leder-

29 Tatsächlich sind Reste von »typisch römischen Spitzgräben« (zwei Meter tief und mindestens 50 Meter lang), die auf ein Lager hinweisen, auf dem Kalkrieser Gelände gefunden worden (*Der Spiegel*, Nr. 46, 2006, S. 167). Ob diese allerdings von Römern errichtet wurden, oder ob die Germanen die römische Ausschachtungstechnik nachahmten, wird noch zu klären sein.

verarbeitung sowie verschiedene Geräte zu unterschiedlichen Zwecken: Schreiben (Schreibgriffel), Körperpflege (Schere, Hautkratzer), Essen (Silberlöffel, Ton- und Bronzegefäßfragmente), Schlösser (Schiebeschlüssel) und Medizin (u. a. Knochenheber und chirurgische Messer). Sogar Fibeln und Nadeln, die Frauentrachten zugerechnet werden können, sind ausgegraben worden, was jedoch nicht unbedingt auf die Anwesenheit von Frauen schließen lässt, da diese Gegenstände auch von Männern mitgeführt worden sein können.[30] Ferner wurden Menschen- und Tierknochen gefunden, die man zum Teil völlig vermischt und aus dem anatomischen Verband gerissen in 2 auf 2 Meter breiten und 1 Meter tiefen Knochengruben beigesetzt hatte. Die bisher ausgegrabenen Menschenknochen stammen alle von Männern mittleren Alters; die Tierknochen von Pferden und Maultieren, was die Anwesenheit eines umfangreichen Trosses zu belegen scheint. An einem auf dem Grund einer Grube gefundenen Schädel, der eine Verletzung durch einen wohl tödlichen Schwerthieb aufweist, ist der pietätvolle Umgang mit den Knochen der Gefallenen deutlich erkennbar. Wie mittlerweile anhand von Trockenrissen und Verbissspuren kleiner Nagetiere erwiesen wurde, haben diese Knochen mehrere Jahre an der Erdoberfläche gelegen, so dass die Wissenschaft nun der Schilderung bei Tacitus, Germanicus habe sechs Jahre nach der Niederlage das Schlachtfeld besucht und die noch herumliegenden Gebeine beigesetzt, Glauben schenkt (*Annalen* I,62,1).[31]

30 Für eine weitaus detailliertere Auflistung und Bewertung der aufgefundenen Gegenstände s. in dem für das Museum und Park Kalkriese von Joachim Harnecker verfassten Band *Arminius, Varus und das Schlachtfeld von Kalkriese* den Aufsatz »Die römischen Funde aus Kalkriese« von Georgia Franzius sowie die Liste in Schlüter/Wiegels, S. 23.

31 Tacitus spricht von der Errichtung eines Grabhügels (*tumulus*). Hierzu Wilbers-Rost, »Die Ausgrabungen auf dem ›Oberesch‹ in Kalkriese«, S. 87. Vor allem die Anwesenheit eines Trosses wird als Argument gegen die These, Kalkriese sei der Ort der Schlacht an den *pontes longi* vorgebracht, da Caecina vermutlich keinen Tross mitführte.

Zu den interessantesten nichtgegenständlichen Funden gehört zweifellos ein Erdwall, der über mindestens 400 Meter von Ost nach West am Fuß des Kalkrieser Berges entlangführt. Dieser Wall war vermutlich eine Aneinanderreihung von Abschnittsbefestigungen von 150 bis 200 Meter Länge. Die Abschnitte sind aus Grassoden errichtet und waren ursprünglich 4,5 bis 5 Meter breit und 1,5 bis 2 Meter hoch. An der dem Hang zugewandten Seite sorgte ein Drainagegraben für den Ablauf von Hang- und Regenwasser und verhinderte eine Unterspülung. Die meisten Funde wurden vor der Mauer, wenige dahinter gefunden, was darauf hindeutet, dass die Mauer während der Kampfhandlungen einstürzte und die Dinge unter sich begrub. Vermutlich diente dieser Wall den Germanen als Hinterhalt, aus dem die vorbeimarschierenden römischen Truppen angegriffen wurden.[32]

Ausschlaggebend für die zeitliche Bestimmung des Schlachtfeldes von Kalkriese sind zwei Aspekte: die erwähnten Knochengruben sowie die Münzen. Sowohl bei den Gold- (*aurei*) als auch bei den Silbermünzen (*denarii*) bildet der 2 v. Chr. – 1 n. Chr. geprägte Gaius/Lucius-Typ die in Kalkriese gefundene Schlussmünze; von der nächst jüngeren Prägung, die aus den Jahren 13/14 n. Chr. stammt, wurde bisher kein Exemplar gefunden.[33] Zieht man die für den Soldatensold typischen Kupfermünzen (*asses*) zu Rate, wird das Bild noch deutlicher: »Von den bestimmbaren beziehungsweise restaurierten und bestimmten Exemplaren sind etwa 93 % zwischen 8 v. Chr. und 3 v. Chr. geprägte *Lugdunum-I-Asse*. […] Die zweite Serie der *Lugdunum-Asse*, geprägt bis 14 n. Chr., fehlt in Kalkriese.«[34]

32 Vgl. u. a. Wilbers-Rost, »Der Hinterhalt gegen Varus«, und Harnecker, S. 67–76.

33 Siehe Schlüter, »Archäologische Forschungen«, S. 453, und Berger, *Kalkriese 1*, S. 34 f.

34 Schlüter, »Archäologische Forschungen«, S. 453 f.

Ungewöhnlich ist der extrem hohe Anteil kontermarkierter *Lugdunum-I-Asse*. 96 % der Münzen tragen einen Gegenstempel mit den Buchstaben *AVC* (Augustus), *IMP* (Imperator), *C. VAL* (C. Numonius Vala) oder *VAR* (Varus).[35] Gegengestempelt wurden Münzen, die als Geldgeschenke an Soldaten zu bestimmten Anlässen – beim Amtsantritt des Befehlshabers, als Belohnung für Treue und Tapferkeit oder um die Loyalität der Truppe zu festigen – ausgegeben wurden. Sie stehen mit dem normalen staatlichen Soldatensold in keinem Zusammenhang, sondern wurden aus der Privatkasse des Princeps bzw. des jeweiligen Kommandeurs bezahlt. Die Häufigkeit dieser Asse bestätigt den militärischen Charakter der Münzen aus der Kalkrieser-Niewedder-Senke.[36]

Das Fehlen der 13 n. Chr. neu einsetzenden Gold- und Silberprägungen und der 10 n. Chr. wieder beginnenden zweiten Serie der *Lugdunum-Asse* sowie das Fehlen der ab 14 n. Chr. auftretenden Gegenstempel von Tiberius und Germanicus weist nach Aussage des Numismatikers Frank Berger eindeutig darauf hin, dass in Kalkriese nach 9 n. Chr. keine römische Münze mehr in den Boden gelangt ist und somit das Kampfgeschehen nur mit der Varusschlacht in Verbindung gebracht werden kann. Andere Auseinandersetzungen zwischen Römern und Germanen sind aus dieser Zeit nicht überliefert. »Die zeitliche Eingrenzung von Kalkriese ist also mit den äußersten Daten

35 Zu den möglichen Unsicherheitsfaktoren im Hinblick auf die Datierung der Münzen, die Zuweisung der Gegenstempel und die Verbreitungsgeschwindigkeit der verschiedenen Prägungen s. den detaillierten Aufsatz von Peter Kehne, »Zur Datierung von Fundmünzen aus Kalkriese und zur Verlegung des Enddatums des Halterner Hauptlagers in die Zeit der Germanienkriege unter Tiberius und Germanicus (10–16 n. Chr.)«, in: Wiegels, *Die Fundmünzen von Kalkriese*, S. 47–79.

36 Schlüter, »Archäologische Forschungen«, S. 454. Für genauere Informationen zu den römischen Gegenstempeln vgl. den Aufsatz von Ulrich Werz, »Die Gegenstempel auf Kupfermünzen des Augustus im Rheingebiet. Vorbericht über eine Neuaufnahme«, in: Schlüter/Wiegels, S. 305–326.

7/8 n. Chr. und 10/11 n. Chr. gegeben. Während das frühest mögliche Enddatum 7 n. Chr. absolut feststeht [Gegenstempel nach Amtsantritt des Varus in Germanien], basiert das tatsächliche Enddatum auf einem *argumentum e silentio*, nämlich dem Fehlen bestimmter Typen, in erster Linie dem Fehlen der 2. Altarserie [des kupfernen Asses der Serie Lugdunum].«[37]

Die entscheidende Frage ist, welche Verteilungswege es von der Münzstätte bis zu den Soldaten in Germanien gegeben hat, wie lange es dauerte, bis eine frisch geprägte Münze von Lugdunum an den Rhein gelangte, und wie man sich den Münzumlauf im Rheinland vorzustellen hat. Sind die Münzen als geschlossener Bestand von der Prägestätte in eine entfernt liegende Gegend geliefert und von dort verteilt worden (Steinwurf-Modell), kam es zu einer allmählichen Verbreitung über Handel, Geldverkehr und persönliche Mobilität der Träger (*coin-drift*) und wie verhält es sich mit den Münzbewegungen bei Truppenverschiebungen?[38] Gesichert ist, dass im Jahr 15 die später als 9 n. Chr. geprägten Kupfermünzen »durchaus rechts des Rheins vorkommen, ihr Ausbleiben in Kalkriese also nicht auf ein generelles Fehlen in Germanien zurückgeführt werden kann [...].«[39] So auch Berger: »Das Enddatum [der Münzen von Kalkriese] ist identisch mit dem Enddatum von Haltern, und die ab 10 n. Chr. für soldatischen Gebrauch geprägten Kupfermünzen, die wir ab 11 n. Chr. hier antreffen könnten, fehlen in Kalk-

37 Berger, *Kalkriese 1*, S. 35.

38 Zu den unterschiedlichen Zuflussformen und -geschwindigkeiten der spätaugusteischen Münzen s. den überaus interessanten Artikel von David G. Wigg, »Die Rolle des Militärs bei der Münzversorgung und Münzwirtschaft am Rhein in der frühen Kaiserzeit«, in: Schlüter/Wiegels, S. 327–346, und – besonders im Hinblick auf Varusniederlage und Caecinaschlacht – den Beitrag von Reinhard Wolters, »Anmerkungen zur Münzdatierung spätaugusteischer Fundplätze«, in: Wiegels, *Die Fundmünzen von Kalkriese*, S. 81–117.

39 Schlüter, »Archäologische Forschungen«, S. 454.

riese ebenso wie alle späteren Münzen aus Gold und Silber.«[40]

Ein anderer Aspekt jedoch, der Numismatiker, Archäologen und Historiker gleichermaßen vor Rätsel stellt, sind mutwillig zugefügte Beschädigungen auf einer großen Anzahl der Kupfermünzen: Hierbei handelt es sich vermutlich um mit Dolchen verursachte Einstiche in das Porträt, die aufgrund ihrer Verteilung auf der Münze nicht als Teilungs- oder Münzentwertungsversuche gedeutet werden können. Wolters und Kehne stellen die Vermutung an, dass es sich hierbei um »gegen das Bild gerichtete Mißfallenskundgebungen«, also um gegen Augustus gerichtete Akte kollektiver Zerstörungswut handeln könnte. Der einzige bekannte größere Aufstand in jener Zeit ist die Meuterei der römischen Soldaten am Rhein im Jahr 14 n. Chr.[41] Diese These spricht nun eher dafür, dass es sich in Kalkriese nicht um die von Varus verlorene Schlacht, sondern die Auseinandersetzung zwischen Arminius und Caecina handelt. Alles in allem liegt die Beweislast jedoch nach wie vor bei denjenigen Wissenschaftlern (und Hobbyhistorikern), die Kalkriese lieber mit der Caecinaschlacht in Zusammenhang wissen wollen. An ihnen ist es darzulegen, warum in Kalkriese bisher keine nach 9 n. Chr. geprägten Münzen gefunden worden sind. In diesem spannenden Streit scheint also das letzte Wort noch nicht gesprochen zu sein. Welchen Ausgang die Debatte um Kalkriese auch nehmen wird: Im Grunde genommen scheint es in Bezug auf den Verlauf der Geschichte in Germanien zweitrangig zu beweisen, ob Kalkriese der Ort der Varusniederlage oder der Caecinaschlacht gewesen ist. Mit Sicherheit war es nicht allein die Vernichtung der drei Legionen des Varus, durch die Germanien einer römischen Provinzialisierung entging. Die

40 Berger, *Kalkriese 1*, S. 59.

41 Siehe Wolters, »Anmerkungen zur Münzdatierung«, S. 105; Kehne, »Zur Datierung von Fundmünzen aus Kalkriese«, S. 60.

Abberufung des Germanicus im Jahr 16 n. Chr trug das Ihre dazu bei. Die Germanen verdanken die vielzitierte »Freiheit« also nicht uneingeschränkt Arminius, sondern zu einem Gutteil den Streitigkeiten zwischen Germanicus und Tiberius.[42]

42 Wolters in: Wiegels, *Die Fundmünzen von Kalkriese*, S. 108: »Für den römischen Verzicht auf Germanien sind die verlustreichen Germanicusfeldzüge ein ähnlich wichtiges Ereignis, haben zur zeitgenössischen Entscheidungsfindung in Rom vermutlich sogar stärker beigetragen, als die im heutigen öffentlichen Bewußtsein dafür fast ausschließlich in Anspruch genommene Niederlage des Varus.«

Quellentexte

Ovid

Kurz vor der Vollendung seiner Metamorphosen *erreichte Ovid im Sommer oder Frühherbst des Jahres 8 n. Chr. die Nachricht, dass Augustus ihn aufgrund der Veröffentlichung unmoralischer Schriften verbannt habe. Die Strafe bestand in der (vergleichsweise milden) Form der* relegatio, *bei der der Verbannte sowohl sein Vermögen als auch das römische Bürgerrecht behalten durfte. Tomis, der Ort der Verbannung (heute Constanţa in Rumänien), lag am äußersten Rand des römischen Imperiums, südlich des Donaudeltas am Schwarzen Meer. Auch wenn Ovid im Exil den direkten Bezug zu seiner Leserschaft verlor, verstummte er nicht, sondern schrieb zwei über 100 Elegien und Briefe umfassende Sammlungen –* Tristia *und* Epistulae ex Ponto –, *worin er seine Erlebnisse durch den Mund eines poetischen Ichs chronologisch über mehrere Jahre nachzeichnete.*

Als Beginn der Abreise aus Rom ist der Spätherbst oder Winter des Jahres 8 anzunehmen – Ovid spricht von einer stürmischen Reise im Dezember (Tristia *I,11,1ff.*). *Da im zweiten Buch der* Tristia *der Aufstand in Pannonien (6–9 n. Chr.) erwähnt (II,225) und die Zuversicht geäußert wird, Tiberius werde nun Germanien zeigen, dass Augustus noch jung und voller Elan sei (II,229f.), ist es anzunehmen, dass diese Zeilen im Frühjahr oder Sommer des Jahres 9, also*

1 *Tristia* III,12,37–48

rarus ab Italia tantum mare navita transit,
  litora rarus in haec portubus orba venit.
sive tamen Graeca scierit, sive ille Latina
  voce loqui – certe gratior huius erit;

noch vor der Varusschlacht, d. h. bevor Ovid die Nachricht über die Vernichtung der drei Legionen erhalten hat, geschrieben wurden. Im dritten Buch der Tristia *spricht Ovid von Germanien als einer* rebellatrix, *als einer sich gegen die römische Herrschaft auflehnenden Provinz (III,12,47). Ein Seemann könnte ihm, Ovid, nun von römischen Siegen gegen die Germanen berichten* (possit narrare triumphos), *doch Nachrichten aus Rom treffen in Tomis nur selten ein. Erst im vierten Buch – »Zweimal nahte die Sonne sich mir nach dem eisigen Winter«, also 10 n. Chr. (IV,7,1) – scheint es Tiberius gelungen zu sein, die Germanen zu bezwingen. Da Tiberius erst nach der Varusschlacht zu Beginn des Jahres 10 den Oberbefehl über die Rheinarmeen wieder übernommen hat, wird dieser Teil nach der Niederlage geschrieben worden sein: »Nun ist das wilde Germanien wohl den Caesaren erlegen, / hat, wie die übrige Welt, endlich die Kniee gebeugt …« (IV,2,1f.). Die Wendung »durch listige Nutzung der Gegend«* (fraude locorum; *IV,2,33*) *scheint im folgenden imaginierten Triumphzug des Tiberius über die Germanen – der tatsächliche fand erst am 23. Oktober 12 statt – auf die Niederlage des Varus hinzudeuten, auch wenn Arminius nicht ausdrücklich erwähnt wird. Der reale Triumph des Tiberius wird erst im ersten Brief des zweiten Buches der* Epistulae ex Ponto *genannt.*

1 *Lieder der Trauer* III,12,37–48

Kommt doch so weit übers Meer aus Italien selten ein Seemann,
naht nur selten dem Strand, dem es an Häfen gebricht.
Aber vielleicht wird er griechisch, vielleicht auch lateinisch zu reden
wissen, und dieses wär' freilich willkommener mir.

fas quoque ab ore freti longaeque Propontidos undis
huc aliquem certo vela dedisse Noto –
quisquis is est, memori rumorem voce referre
et fieri famae parsque gradusque potest.
is, precor, auditos possit narrare triumphos
Caesaris et Latio reddita vota Iovi,
teque, rebellatrix, tandem, Germania, magni
triste caput pedibus supposuisse ducis.

2 *Tristia* IV,2,1–58

Iam fera Caesaribus Germania, totus ut orbis,
victa potest flexo succubuisse genu,
altaque velentur fortasse Palatia sertis,
turaque in igne sonent inficiantque diem,
candidaque adducta collum percussa securi
victima purpureo sanguine pulset humum,
donaque amicorum templis promissa deorum
reddere victores Caesar uterque parent,
et qui Caesareo iuvenes sub nomine crescunt,
perpetuo terras ut domus illa regat.
cumque bonis nuribus pro sospite Livia nato
munera det meritis, saepe datura, deis,
et pariter matres et quae sine crimine castos
perpetua servant virginitate focos;
plebs pia cumque pia laetetur plebe senatus,

Möglich ist auch, daß vom Eingang des Meers, von der langen Propontis,
jemand bei südlichem Wind lenkt seine Segel zu uns:
wer es auch sei, er kann eine Kunde getreu wiederholen,
kann sich beteiligen, trägt's weiter vielleicht einen Schritt.
Könnt' er doch von den gemeldeten Siegen des Kaisers erzählen
und von Gelübden, die Roms Juppiter wurden erfüllt,
und daß, Germania, du Empörerin, endlich dem Feldherrn
hast dein trauerndes Haupt unter die Füße gelegt!

2 *Lieder der Trauer* IV,2,1–58

Nun ist das wilde Germanien wohl den Caesaren[1] erlegen,
hat, wie die übrige Welt, endlich die Kniee gebeugt;
Kränze bedecken vielleicht des hohen Palatiums[2] Mauern,
Weihrauch knistert im Brand, trübend das Licht mit Gewölk;
weiß ist das Opfertier, dessen Hals das erhobene Beil jetzt
trifft, und sein purpurnes Blut flutet zur Erde hinab.
Beide Caesaren beginnen, den Tempeln der gnädigen Götter
all die Geschenke zu weihn, die sie gelobt für den Sieg;
So auch die Jünglinge,[3] die im Geschlechte des Kaisers erwachsen,
daß unaufhörlich herrscht über die Lande dies Haus;
Livia[4] bringt für den glückhaften Sohn[5] mit den Frauen[6] der Söhne
Gaben den Göttern zum Dank, bringt sie auch künftig noch oft;
so auch die Mütter und sie, die ohne Tadel den keuschen
Herd betreuen und stets Mädchen zu bleiben gelobt[7].
Froh sei die gläubige Menge und froh der Senat mit der Menge,

parvaque cuius eram pars ego nuper, eques:
nos procul expulsos communia gaudia fallunt,
famaque tam longe non nisi parva venit.
ergo omnis populus poterit spectare triumphos,
cumque ducum titulis oppida capta leget,
vinclaque captiva reges cervice gerentes
ante coronatos ire videbit equos,
et cernet vultus aliis pro tempore versos,
terribiles aliis inmemoresque sui.
quorum pars causas et res et nomina quaeret,
pars referet, quamvis noverit illa parum.
'hic, qui Sidonio fulget sublimis in ostro,
dux fuerat belli, proximus ille duci.
hic, qui nunc in humo lumen miserabile fixit,
non isto vultu, cum tulit arma, fuit.
ille ferox et adhuc oculis hostilibus ardens
hortator pugnae consiliumque fuit.
perfidus hic nostros inclusit fraude locorum,
squalida promissis qui tegit ora comis.
illo, qui sequitur, dicunt mactata ministro
saepe recusanti corpora capta deo.
hic lacus, hi montes, haec tot castella, tot amnes
plena ferae caedis, plena cruoris erant.
Drusus in his meruit quondam cognomina terris,
quae bona progenies, digna parente, tulit.

froh auch der Ritterstand – jüngst noch gehört' ich dazu –:
mir in die Fremde Vertriebnem entgehn die gemeinsamen Freuden;
selten gelangt ein Gerücht bis in die Ferne zu mir.
So kann das Volk insgesamt den Triumphzug sehn und der Feldherrn
Namen erfahren und die mancher eroberten Stadt,
wird auch die Könige sehn, mit gefesseltem Nacken und Ketten
tragend, vor Pferden gehn, die man mit Kränzen geschmückt,
wird ihre Mienen sehn, die einen der Lage entsprechend,
andre mit drohendem Blick, nicht ihrer Lage gedenk.
Manche dann werden die Gründe erfragen, Bedeutung und Namen,
manche erzählen, wiewohl keiner Genaueres weiß:
»Der da, der so gewaltig glänzt im sidonischen Purpur[8],
war ein Führer im Krieg; der war der nächste nach ihm;
dieser, der jetzt den Blick zu Boden kläglich gesenkt hält,
machte ein andres Gesicht, als er in Waffen noch ging.
Dort der Trotzige, dem noch die Feindschaft glüht in den Augen,
war ein Rufer im Kampf, war eine Stimme im Rat.
Tückisch umschloß die Unsren durch listige Nutzung der Gegend
er, der sein schmutzig Gesicht deckt mit dem zottigen Haar.
Dieser, der folgt, ein Priester, hat, sagt man, Gefangne zum Opfer[9]
seinem Gotte gebracht; der aber lehnte sie ab.
All diese Seen und Berge,[10] die Festungen alle und Flüsse
waren erfüllt von Mord, waren gerötet von Blut.
Drusus verdiente sich einst in diesen Ländern den Namen,
welchen als trefflicher Sohn, würdig des Vaters, er trug.

cornibus hic fractis viridi male tectus ab ulva
  decolor ipse suo sanguine Rhenus erat.
crinibus en etiam fertur Germania passis,
  et ducis invicti sub pede maesta sedet,
collaque Romanae praebens animosa securi
  vincula fert illa, qua tulit arma, manu.'
hos super in curru, Caesar, victore veheris
  purpureus populi rite per ora tui,
quaque ibis, manibus circumplaudere tuorum,
  undique iactato flore tegente vias.
tempora Phoebea lauro cingetur 'io' que
  miles 'io' magna voce 'triumphe' canet.
ipse sono plausuque simul fremituque canente
  quadriiugos cernes saepe resistere equos.
inde petes arcem et delubra faventia votis,
  et dabitur merito laurea voto Iovi.
haec ego summotus, qua possum, mente videbo:
  erepti nobis ius habet illa loci:

Der mit zerbrochenen Hörnern, der schlecht nur bedeckt ist mit Sumpfgras,
er, den das eigne Geblüt häßlich befleckt, war der Rhein;
sieh, auch Germania wird dort gebracht mit wehenden Haaren:
unter des Feldherrn Fuß hockt sie, den keiner besiegt;
ja, ihren Hals jetzt bietet die Stolze dem römischen Beile,
trägt an der nämlichen Hand Fesseln, die Waffen geführt.«
Hoch über diesen wirst, Caesar,[11] du fahren im Wagen des Sieges,
wirst dich zeigen dem Volk, purpurumhüllt nach dem Brauch.
Überall werden die Hände der Deinigen Beifall dir klatschen;
Blumen, wohin du auch kommst, sind auf den Weg dir gestreut.
Phoebischer Lorbeer[12] wird die Schläfen dir kränzen, und »Heil dir!«
rufen die Truppen, die laut jubelnden, »Heil!« und »Triumph!«
Du aber siehst bei all diesem Schreien und Klatschen und Tosen
selbst dein Vierergespann oft unterbrechen die Fahrt.
Dann erreichst du die Burg[13] und die Tempel, die dich gesegnet:
Juppiter, der es verdient, wird mit dem Lorbeer gekrönt.
Dies werd' ich schauen im Geiste, soweit ich's vermag als Verbannter:
darf doch mein Geist an dem Ort sein, den man mir untersagt.

Manilius

Die Astronomica *des Marcus Manilius sind ein heute wenig bekanntes, unvollendetes Lehrgedicht in fünf Büchern über astronomische Erscheinungen und ihre horoskopische Bedeutung.*

Im ersten Buch wird die Entstehung des Weltalls mit seinen Planeten, Kometen und Sternbildern besprochen; das zweite handelt von den Tierkreiszeichen und deren Beziehung zu den Göttern. Die horoskopische Bedeutung des Zodiakus für den Gang des individuellen Lebens sowie den Ablauf des Jahres werden im dritten und vierten Buch untersucht. Da die Gestirnuntergänge nicht dargestellt werden und der Plan, die Beziehung der Planeten zum Menschenleben zu beschreiben, unausgeführt blieb, lässt sich vermuten, dass der Verfasser vor Abschluss des fünften Buches die Arbeit an seinem Werk, aus welchem Grund auch immer, beenden musste.

Eine der Quellen, auf die Manilius zurückgreift, ist das

3 *Astronomica* I,896–903

Quin et bella canunt ignes subitosque tumultus
et clandestinis surgentia fraudibus arma:
externas modo per gentes, ut, foedere rupto
cum fera ductorem rapuit Germania Varum
infecitque trium legionum sanguine campos,
arserunt toto passim minitantia mundo
lumina, et ipsa tulit bellum natura per ignes
opposuitque suas vires finemque minata est.

astronomische Lehrgedicht Phainómena *des Griechen Aratos aus Soloi (erste Hälfte des 3. Jahrhunderts v. Chr.), das nicht nur von Cicero, sondern auch von Germanicus ins Lateinische übersetzt und bearbeitet wurde.*

Die Entstehungszeit der Astronomica *ist ungewiss, doch kann anhand der Erwähnung des Varus gegen Ende des ersten Buches das Jahr 9 n. Chr. als* terminus post quem *– zumindest für die folgenden Bücher – angenommen werden. Da sich die Widmung wahrscheinlich auf Tiberius bezieht, wird das Werk vermutlich während der letzten Regierungsjahre des Augustus sowie unter Tiberius entstanden sein. Die* Astronomica *bieten somit die erste wörtliche literarische Erwähnung der Varusniederlage, die, nach Meinung des Autors, durch den Bruch des germanischen Bündnisses mit den Römern* (foedere rupto), *also durch Verrat herbeigeführt wurde.*

3 *Astrologie* I,896–903

Ja, sogar Kriege verkündet ihr Leuchten und plötzlichen Aufruhr
und sogar Waffen, welche mit heimlicher Tücke erstehen:
oft bei entfernten Nationen, wie kürzlich, als nach des Bündnis'
Bruch das wilde Germanien den Feldherrn Varus uns raubte
und die Gefilde mit Blut von drei Legionen gefärbt hat
und im ganzen Kosmos überall drohende Lichter
brannten und die Natur gar den Krieg mit Feuerglut führte
und ihre Macht demonstrierte und uns mit Untergang drohte.

Strabon

Strabons Geographiká *bieten eine 17 Bücher umfassende Darstellung der seinerzeit bekannten Welt: Europa (B. 3–10), Asien (B. 11–16) und Afrika (B. 17). Sie entstanden wahrscheinlich zwischen 7 v. Chr. und dem Tod Strabons. Der sehr belesene und weit gereiste Autor verarbeitet eigene Erlebnisse, Erfahrungen aus zweiter Hand und stützt sich auf Vorgänger wie Artemidoros aus Ephesos* (Geographúmena) *oder Eratosthenes* (Geographiká). *Vieles deutet darauf hin, dass Strabon das Werk zu seinen Lebzeiten nicht selbst herausgegeben, sondern zurückgehalten hat, um Nachträge darin anzubringen. Veröffentlicht wurden die* Geographiká *eventuell sogar erst mehrere Jahrzehnte später, da Plinius d. Ä., der 79 beim Ausbruch des Vesuvs starb, ihn noch nicht kennt.*

Im siebten Buch, das die nördlichen und nordöstlichen

4 *Geographica* VII,1,2–4

(2) Εὐθὺς τοίνυν τὰ πέραν τοῦ Ῥήνου μετὰ τοὺς Κελτοὺς πρὸς τὴν ἕω κεκλιμένα Γερμανοὶ νέμονται, μικρὸν ἐξαλλάττοντες τοῦ Κελτικοῦ φύλου τῷ τε πλεονασμῷ τῆς ἀγριότητος καὶ τοῦ μεγέθους καὶ τῆς ξανθότητος, τἆλλα δὲ παραπλήσιοι καὶ μορφαῖς καὶ ἤθεσι καὶ βίοις ὄντες, οἵους εἰρήκαμεν τοὺς Κελτούς. διὸ δὴ καί μοι δοκοῦσι Ῥωμαῖοι τοῦτο αὐτοῖς θέσθαι τοὔνομα ὡς ἂν γνησίους Γαλάτας φράζειν βουλόμενοι (γνήσιοι γὰρ οἱ Γερμανοὶ κατὰ τὴν Ῥωμαίων διάλεκτον).

(3) Ἔστι δὲ τὰ μὲν πρῶτα μέρη τῆς χώρας ταύτης τὰ πρὸς τῷ Ῥήνῳ μέχρι τῶν ἐκβολῶν ἀπὸ τῆς πηγῆς ἀρξαμένοις· σχεδὸν δέ τι καὶ τοῦτ᾽ ἔστι τὸ ἑσπέριον τῆς χώρας πλάτος, ἡ ποταμία πᾶσα. ταύτης δὲ τὰ μὲν εἰς τὴν Κελτικὴν μετήγαγον Ῥωμαῖοι, τὰ δ᾽ ἔφθη μεταστάντα εἰς

Teile Europas behandelt, wird der Hinterhalt, in den die Germanen Varus und seine Legionen lockten und dadurch vernichteten, nachdrücklich hervorgehoben. Der im Folgenden beschriebene Triumph des Germanicus, der am 26. Mai 17 in Rom stattfand, sowie die Bemerkung, dass der Krieg noch anhalte, machen deutlich, dass zumindest dieser Teil des Werkes zu jener Zeit entstanden sein muss. Bei dem Triumphzug wurden sowohl Thusnelda, die Gattin des Arminius, als auch beider Sohn, der hier als dreijährig bezeichnete Thumelicus, den römischen Zuschauern vorgeführt. Thumelicus war bei der Gefangennahme Thusneldas im Jahr 15 noch nicht geboren, wie Tacitus bemerkt: »[…] die Hände unter den Bausch ihres Kleides gefaltet, schaute sie auf ihren schwangeren Leib« (Annalen *I,57*).

4 *Geographie* VII,1,2–4

(2) Gleich denn das auf der anderen Seite des Rheins nach den Kelten gen Osten reichende Gebiet bewohnen die Germanen; sie unterscheiden sich ein wenig – durch größere Wildheit, Statur und Blondheit – von dem keltischen Stamm, sind aber im Übrigen in Gestalt, Sitten und Lebensweise ähnlich, wie wir die Kelten geschildert haben: deshalb scheinen mir die Römer ihnen auch diesen Namen gegeben zu haben, als hätten sie sie als echte Galater bezeichnen wollen (in der Sprache der Römer bedeutet ›Germanen‹ nämlich ›die Echten‹).

(3) Die ersten Teile dieses Landes sind die am Rhein bis zu seiner Mündung gelegenen, angefangen bei seiner Quelle; dies – das ganze Stromgebiet – ist auch ungefähr die westliche Breite des Landes. Die Völker dieses Gebiets sind teils von den Römern ins Keltische verpflanzt wor-

τὴν ἐν βάθει χώραν, καθάπερ Μαρσοί· λοιποὶ δ' εἰσὶν ὀλίγοι (καὶ τῶν Σουγάμβρων μέρος).

Μετὰ δὲ τοὺς παραποταμίους τἆλλά ἐστιν ἔθνη τὰ μεταξὺ τοῦ Ῥήνου καὶ τοῦ Ἄλβιος ποταμοῦ, ὃς παράλληλός πως ἐκείνῳ ῥεῖ πρὸς τὸν Ὠκεανόν οὐκ ἐλάττω χώραν διεξιὼν ἤπερ ἐκεῖνος. εἰσὶ δὲ μεταξὺ καὶ ἄλλοι ποταμοὶ πλωτοὶ – ὧν ἐν τῷ Ἀμασίᾳ Δροῦσος Βρουκτέρους κατεναυμάχησε – ῥέοντες ὡσαύτως ἀπὸ νότου πρὸς βορρᾶν καὶ τὸν Ὠκεανόν· ἐξήρτηται γὰρ ἡ χώρα πρὸς νότον καὶ συνεχῆ ταῖς Ἄλπεσι ποιεῖ ῥάχιν τινὰ πρὸς ἕω τεταμένην ὡς ἂν μέρος οὖσαν τῶν Ἄλπεων (καὶ δὴ καὶ ἀπεφήναντό τινες οὕτως διά τε τὴν λεχθεῖσαν θέσιν καὶ διὰ τὸ τὴν αὐτὴν ὕλην ἐκφέρειν· οὐ μὴν ἐπὶ τοσοῦτό γε ὕψος ἀνίσχει τὰ ταύτῃ μέρη). ἐνταῦθα δ' ἐστὶ καὶ ὁ Ἑρκύνιος δρυμὸς καὶ τὰ τῶν Σοήβων ἔθνη, τὰ μὲν οἰκοῦντα ἐντὸς τοῦ δρυμοῦ, καθάπερ τὰ τῶν Κοαδούων· ἐν οἷς ἐστι καὶ τὸ Βουίαιμον, τὸ τοῦ Μαροβόδου βασίλειον, εἰς ὃν ἐκεῖνος τόπον ἄλλους τε μετανέστησε πλείους καὶ δὴ καὶ τοὺς ὁμοεθνεῖς ἑαυτῷ Μαρκομμάνους· ἐπέστη γὰρ τοῖς πράγμασιν οὗτος ἐξ ἰδιώτου μετὰ τὴν ἐκ Ῥώμης ἐπάνοδον· νέος γὰρ ἦν ἐνθάδε καὶ εὐεργετεῖτο ὑπὸ τοῦ Σεβαστοῦ, ἐπανελθὼν δὲ ἐδυνάστευσε καὶ κατεκτήσατο πρὸς οἷς εἶπον Λου⟨γ⟩ίους τε – μέγα ἔθνος – καὶ Ζούμους καὶ Γούτωνας καὶ Μουγίλωνας καὶ Σιβίνους καὶ τῶν Σοήβων αὐτῶν μέγα ἔθνος, Σέμνωνας. πλὴν τά γε τῶν Σοήβων, ὡς ἔφην, ἔθνη τὰ μὲν ἐντὸς οἰκεῖ, τὰ δ'ἐκτὸς τοῦ δρυμοῦ ὅμορα τοῖς Γέταις.

Μέγιστον μὲν οὖν τὸ τῶν Σοήβων ἔθνος· διήκει γὰρ ἀπὸ τοῦ Ῥήνου μέχρι τοῦ Ἄλβιος, μέρος δέ τι αὐτῶν καὶ πέραν τοῦ Ἄλβιος νέμεται, καθάπερ Ἑρμόνδοροι καὶ Λαγκόβαρδοι· νυνὶ δὲ καὶ τελέως εἰς τὴν περαίαν οὗτοί γε

den, teils haben sie sich vorher ins Landesinnere zurückgezogen, wie z. B. die Marser; übrig geblieben sind nur Wenige (auch ein Teil der Sugambrer).

Nach den Bewohnern des Stromgebiets kommen die übrigen Völker zwischen dem Rhein und dem Elbe-Fluss, der etwa parallel mit jenem zum Ozean fließt und ein nicht geringeres Gebiet durchläuft als er. Dazwischen gibt es auch noch andere schiffbare Flüsse, darunter die Ems, auf der Drusus die Brukterer mit seiner Flotte geschlagen hat; sie fließen ebenso von Süden nach Norden zum Ozean: das Land steigt nämlich gen Süden an und bildet einen an die Alpen stoßenden Rücken, der sich nach Osten erstreckt, als sei er ein Teil der Alpen (tatsächlich haben auch manche wegen der besagten Lage und der Produktion desselben Holzes dies behauptet; aber die dortige Gegend erhebt sich nicht zu solcher Höhe). Dort sind auch der Herkynische Wald und die Völker der Sueben, die teils innerhalb des Waldes wohnen, wie die der Quaden; bei ihnen liegt auch Buiaimon, die Residenz des Marobodos, wohin dieser außer mehreren anderen besonders seine Landsleute, die Markomannen, verpflanzt hat; er hatte nämlich, vordem ein Privatmann, nach seiner Rückkehr aus Rom die Führung erlangt: denn in seiner Jugend war er hier gewesen und von Augustus protegiert worden, und als er zurückkehrte, kam er an die Macht und gewann zu den Völkern, die ich nannte, auch noch die Lugier – ein großes Volk – hinzu, sowie die Zumer, die Gutonen, die Mugilonen, die Sibiner und von den Sueben selber das große Volk der Semnonen. Die Völker der Sueben indessen wohnen, wie ich sagte, teils innerhalb, teils außerhalb des Waldes, wo sie an die Geten grenzen.

Am größten ist das Volk der Sueben: reicht es doch vom Rhein bis an die Elbe, und ein Teil von ihnen wohnt auch noch auf der anderen Seite der Elbe, wie die Hermunduren und Langobarden; heute haben diese sich sogar vollständig auf die andere Seite geflüchtet (allen dortigen Völ-

ἐκπεπτώκασι φεύγοντες (κοινὸν δ' ἐστὶν ἅπασι τοῖς ταύτῃ τὸ περὶ τὰς μεταναστάσεις εὐμαρὲς διὰ τὴν λιτότητα τοῦ βίου καὶ διὰ τὸ μὴ γεωργεῖν μηδὲ θησαυρίζειν, ἀλλ' ἐν καλυβίοις οἰκεῖν ἐφήμερον ἔχουσι παρασκευήν· τροφὴ δ' ἀπὸ τῶν θρεμμάτων ἡ πλείστη, καθάπερ τοῖς νομάσιν, ὥστ' ἐκείνους μιμούμενοι τὰ οἰκεῖα ταῖς ἁρμαμάξαις ἐπάραντες ὅπῃ ἂν δόξῃ τρέπονται μετὰ τῶν βοσκημάτων). ἄλλα δ' ἐνδεέστερά ἐστιν ἔθνη Γερμανικά· Χηροῦσκοί τε καὶ Χάττοι καὶ Γαμαβρίουιοι καὶ Χαττουάριοι, πρὸς δὲ τῷ Ὠκεανῷ Σούγαμβροί τε καὶ Χαῦβοι καὶ Βρούκτεροι καὶ Κίμβροι, Καῦκοί τε καὶ Καοῦλκοι καὶ Καμψιανοὶ καὶ ἄλλοι πλείους.

Ἐπὶ ταὐτὰ δὲ τῷ Ἀμασίᾳ φέρονται Βίσουργίς τε καὶ Λουπίας ποταμός διέχων Ῥήνου περὶ ἑξακοσίους σταδίους, ῥέων διὰ Βρουκτέρων τῶν ἐλαττόνων. ἔστι δὲ καὶ Σάλας ποταμός, οὗ μεταξὺ καὶ τοῦ Ῥήνου πολεμῶν καὶ κατορθῶν Δροῦσος ἐτελεύτησεν ὁ Γερμανικός. (ἐχειρώσατο δ' οὐ μόνον τῶν ἐθνῶν τὰ πλεῖστα, ἀλλὰ καὶ τὰς ἐν τῷ παράπλῳ νήσους, ὧν ἐστι καὶ ἡ Βυρχανίς, ἣν ἐκ πολιορκίας εἷλε).

(4) Γνώριμα δὲ ταῦτα κατέστη τὰ ἔθνη πολεμοῦντα πρὸς Ῥωμαίους, εἶτ' ἐνδιδόντα καὶ πάλιν ἀφιστάμενα ἢ καὶ καταλείποντα τὰς κατοικίας (κἂν πλείω δὲ γνώριμα ὑπῆρξεν, εἰ ἐπέτρεπε τοῖς στρατηγοῖς ὁ Σεβαστὸς διαβαίνειν τὸν Ἄλβιν μετιοῦσι τοὺς ἐκεῖσε ἀπανισταμένους· νυνὶ δ' εὐπορώτερον ⟨ἂν⟩ ὑπέλαβε στρατηγεῖν τὸν ἐν χερσὶ πόλεμον, εἰ τῶν ἔξω τοῦ Ἄλβιος καθ' ἡσυχίαν ὄντων ἀπέχοιτο καὶ μὴ παροξύνοι πρὸς τὴν κοινωνίαν τῆς ἔχθρας). ἤρξαντο δὲ τοῦ πολέμου Σούγαμβροι πλησίον οἰκοῦντες τοῦ Ῥήνου, Μαίλωνα ἔχοντες ἡγεμόνα, κἀκεῖθεν ἤδη διεδέχοντο ἄλλοτ' ἄλλοι δυναστεύοντες καὶ καταλυόμενοι, πάλιν δ' ἀφιστάμενοι προδιδόντες καὶ τὰ

kern ist die Leichtigkeit gemein, mit der sie ihren Wohnsitz wechseln; sie rührt von der Einfachheit ihrer Lebensweise her und davon, dass sie das Land nicht bebauen und keine Vorräte anlegen, sondern in Hütten wohnen, die nur für den Bedarf des Tages ausgerüstet sind; sie ernähren sich hauptsächlich von ihrem Vieh, wie die Nomaden, so dass sie, jene nachahmend, ihre Sachen auf die Wagen laden und mit ihren Herden dorthin ziehen, wo es ihnen am besten scheint). Andere germanische Völker bleiben hinter ihnen zurück: die Cherusker, Chatten, Gamabrivier und Chattuarier, am Ozean die Sugambrer, Chauber, Brukterer und Kimbern sowie die Kauker, Kaulker, Kampsianer und mehrere andere.

In dieselbe Richtung wie die Ems laufen die Weser und der Lippe-Fluss, der vom Rhein rund sechshundert Stadien entfernt ist und durch das Gebiet der Kleinen Brukterer fließt. Es gibt auch einen Fluss Salas; zwischen ihm und dem Rhein ist Drusus Germanicus während seines erfolgreichen Feldzuges gestorben (er hatte nicht nur die meisten Völker, sondern auch die Inseln vor der Küste unterworfen, darunter auch Byrchanis, das er nach einer Belagerung eroberte).

(4) Bekannt sind diese Völker dadurch geworden, dass sie Krieg gegen die Römer führten, sich dann ergaben und dann wieder gegen sie erhoben oder auch ihre Wohnsitze verließen (es wären noch mehr bekannt geworden, wenn Augustus seinen Feldherren erlaubt hätte, bei der Verfolgung der dorthin sich Absetzenden die Elbe zu überschreiten; so aber meinte er den augenblicklichen Krieg leichter führen zu können, wenn er die Völker jenseits der Elbe, die sich ruhig verhielten, unbehelligt ließe und nicht zur Teilnahme an der Feindschaft anstachelte). Angefangen hatten den Krieg die Sugambrer, die nahe am Rhein wohnten, unter ihrem Anführer Mailon, und seitdem haben ihn immer wieder andere fortgesetzt, die mächtig waren, entmachtet wurden und sich, mit Preisgabe der Gei-

ὅμηρα καὶ τὰς πίστεις· πρὸς οὓς ἡ μὲν ἀπιστία μέγα ὄφελος· οἱ δὲ πιστευθέντες τὰ μέγιστα κατέβλαψαν, καθάπερ οἱ Χηροῦσκοι καὶ οἱ τούτοις ὑπήκοοι, παρ' οἷς τρία τάγματα Ῥωμαίων μετὰ τοῦ στρατηγοῦ Οὐάρου Κουιντιλλίου παρασπονδηθέντα ἀπώλετο ἐξ ἐνέδρας. ἔτισαν δὲ δίκας ἅπαντες καὶ παρέσχον τῷ νεωτέρῳ Γερμανικῷ λαμπρότατον θρίαμβον, ἐν ᾧ ἐθριαμβεύθη τῶν ἐπιφανεστάτων ἀνδρῶν σώματα καὶ γυναικῶν, Σεγιμοῦντός τε Σεγέστου υἱός, Χηρούσκων ἡγεμών, καὶ ἀδελφὴ αὐτοῦ – γυνὴ δ' Ἀρμενίου τοῦ πολεμαρχήσαντος ἐν τοῖς Χηρούσκοις ἐν τῇ πρὸς Οὐᾶρον Κουιντίλλιον παρασπονδήσει καὶ νῦν ἔτι συνέχοντος τὸν πόλεμον – ὄνομα Θουσνέλδα καὶ υἱὸς τριετὴς Θουμέλικος· ἔτι δὲ Σεσίθακος, Σεγιμήρου υἱὸς τοῦ Χηρούσκων ἡγεμόνος, καὶ γυνὴ τούτου Ῥαμίς, Οὐηρομήρου θυγάτηρ ἡγεμόνος Χάττων, καὶ Δευδόριξ, Βαιτόριγος τοῦ Μαίλωνος ἀδελφοῦ υἱός, Σούγαμβρος (Σεγέστης δὲ ὁ πενθερὸς τοῦ Ἀρμενίου, καὶ ἐξ ἀρχῆς διέστη πρὸς τὴν γνώμην αὐτοῦ καὶ λαβὼν καιρὸν ηὐτομόλησε, καὶ τῷ θριάμβῳ παρῆν τῶν φιλτάτων ἐν τιμῇ ἀγόμενος)· ἐπόμπευσε δὲ καὶ Λίβης, τῶν Χάττων ἱερεύς. καὶ ἄλλα δὲ σώματα ἐπομπεύθη ἐκ τῶν πεπορθημένων ἐθνῶν, Καούλκων, Καμψανῶν, Βρουκτέρων, Οὐσίπων, Χηρούσκων, Χάττων, Χαττουαρίων, Λανδῶν, Τουβαττίων.

seln und Verletzung der Verträge, wieder erhoben. Misstrauen ist gegen sie von großem Nutzen: die, denen man vertraute, haben den schwersten Schaden gestiftet, wie die Cherusker und ihre Untertanen, bei denen drei Legionen der Römer zusammen mit ihrem Feldherrn Quintilius Varus vertragsbrecherisch aus dem Hinterhalt vernichtet wurden. Sie haben alle dafür gebüßt und dem jüngeren Germanicus den glänzendsten Triumphzug bereitet, bei dem die angesehensten Personen, Männer und Frauen, vorgeführt wurden: Segimuntos, Segestes' Sohn, Anführer der Cherusker, und seine Schwester – die Frau des Arminius, der bei dem Bruch des mit Quintilius Varus geschlossenen Vertrages Oberbefehlshaber der Cherusker gewesen war und noch jetzt den Krieg fortsetzt –, Thusnelda genannt, und ihr dreijähriger Sohn Thumelikos; ferner Sesithakos, Sohn des Cheruskerführers Segimeros, und seine Frau Ramis, Tochter des Chattenführers Veromeros, und Deudorix, Sohn von Mailons Bruder Baitorix, ein Sugambrer (Segestes, der Schwiegervater des Arminius, war von Anfang an nicht mit ihm einverstanden gewesen und bei der ersten Gelegenheit zu den Römern übergelaufen; jetzt wohnte er, hochgeehrt, dem Triumphzug über seine nächsten Verwandten bei); an dem Zug nahm auch Libes, ein Priester der Chatten, teil. Auch andere Personen aus den verheerten Völkern – den Kaulkern, Kampsanern, Brukterern, Usipern, Cheruskern, Chatten, Chattuariern, Landern und Tubantiern – wurden in dem Triumphzug mitgeführt.

Velleius Paterculus

Der dem römischen Ritterstand entstammende Gaius Velleius Paterculus diente 1 v. bis 4 n. Chr. unter dem Augustusenkel Gaius Caesar als Militärtribun und kämpfte von 6 bis 9 unter Tiberius als Legat bei den Feldzügen zur Niederschlagung des Aufstands in Pannonien. In den Jahren 9 bis 11 begleitete er Tiberius bei weiteren Germanienfeldzügen und nahm auch an dessen Triumph in Rom am 23. Oktober des Jahres 12 teil.

Velleius ist der einzige literarische Zeitgenosse, der als Offizier die Kämpfe der Römer in Germanien miterlebte, Tiberius, Varus und eventuell sogar Arminius persönlich kannte und über das Geschehen an Rhein und Donau aus eigener Anschauung berichtet. Dennoch sind seine Schilderungen mit Vorsicht zu genießen, da eine überaus hohe Bewunderung für Tiberius die Ereignisse unkritisch und einseitig erscheinen lässt.

Die Historia Romana *ist eine Darstellung der römischen Geschichte von ihren Anfängen in zwei Büchern, wobei der erste vom Ende des Troianischen Krieges bis zur Einnahme von Korinth bzw. der Zerstörung Karthagos 146 v. Chr. reicht und der zweite vor allem den römischen Bürgerkrieg nach der Ermordung Caesars sowie die Zeit der Principes*

5 *Historia Romana* II,117–122

117 (1) Tantum quod ultimam imposuerat Pannonico ac Delmatico bello Caesar manum, cum intra quinque consummati tanti operis dies funestae ex Germania epistulae nuntium attulere caesi Vari trucidatarumque legionum trium totidemque alarum et sex cohortium, velut in hoc saltem tantummodo indulgente nobis fortuna, ne occupato

Augustus und Tiberius umfasst. Ist der erste Band lediglich eine Kompilation früherer Historiker, so gelingt es Velleius im zweiten, die Ereignisse ausführlicher und lebendiger zu schildern. Zu seinen Quellen zählt die verlorene Autobiographie des Augustus, De vita mea.

Aus Velleius' Sicht erfahren wir einiges über die Charaktere der Kontrahenten Varus und Arminius. Der eine sei von ruhigem Temperament (moribus quietus) *und unbeweglich an Körper und Geist* (corpore et animo immobilior) *gewesen. Er habe das müßige Lagerleben geliebt, die Germanen verachtet und sich eher als Statthalter, der Recht spricht, denn als Oberbefehlshaber einer Armee geriert. Der andere habe Tapferkeit* (manu fortis) *und eine schnelle Auffassungsgabe* (sensu celer) *besessen und sei, wie alle Germanen, ein geborener Lügner gewesen. Ähnlich wie Manilius und Strabon spricht Velleius von Betrug und Verrat seitens der Germanen, die die römischen Legionen in einen Hinterhalt* (insidiae) *gelockt hätten. Doch die eigentliche Schuld treffe Varus, da er die Warnungen vor der germanischen Falle in den Wind geschlagen habe.*

5 *Römische Geschichte* II,117–122

117 (1) Kaum hatte Tiberius Caesar die letzte Hand angelegt, um den pannonischen und den dalmatischen Krieg endgültig zu beenden, da brachten – nur fünf Tage, nachdem er diese gewaltige Aufgabe vollendet hatte – Depeschen aus Germanien die Unglücksbotschaft, daß Varus getötet und drei Legionen niedergemetzelt seien, dazu ebenso viele Reitergeschwader und sechs Kohorten. Es war gerade, als ob uns das Schicksal dabei noch eine Gnade erwiesen hätte: daß nämlich unser Feldherr zu diesem

duce ** et causa et persona moram exigit. (2) Varus Quintilius inlustri magis quam nobili ortus familia, vir ingenio mitis, moribus quietus et corpore et animo immobilior, otio magis castrorum quam bellicae adsuetus militiae, pecuniae vero quam non contemptor, Syria, cui praefuerat, declaravit, quam pauper divitem ingressus dives pauperem reliquit; (3) is cum exercitui, qui erat in Germania, praeesset, concepit esse homines, qui nihil praeter vocem membraque haberent hominum, quique gladiis domari non poterant, posse iure mulceri. (4) Quo proposito mediam ingressus Germaniam velut inter viros pacis gaudentes dulcedine iurisdictionibus agendoque pro tribunali ordine trahebat aestiva.

118 (1) At illi, quod nisi expertus vix credat, in summa feritate versutissimi natumque mendacio genus, simulantes fictas litium series et nunc provocantes alter alterum in iurgia, nunc agentes gratias, quod ea Romana iustitia finiret feritasque sua novitate incognitae disciplinae mitesceret et solita armis discerni iure terminarentur, in summam socordiam perduxere Quintilium, usque eo, ut se praetorem urbanum in foro ius dicere, non in mediis Germaniae fini-

Zeitpunkt nicht mehr auf einem anderen Kriegsschauplatz beschäftigt war ... Die Ursache der Katastrophe sowie die Person des Heerführers machen es erforderlich, daß ich hierbei kurz verweile. (2) Quintilius Varus stammte aus einer angesehenen, wenn auch nicht hochadligen Familie. Er war von milder Gemütsart, ruhigem Temperament, etwas unbeweglich an Körper und Geist, mehr an müßiges Lagerleben als an den Felddienst gewöhnt. Daß er wahrhaft kein Verächter des Geldes war, beweist seine Statthalterschaft in Syrien: Als armer Mann betrat er das reiche Syrien, und als reicher Mann verließ er das arme Syrien. (3) Als er Oberbefehlshaber des Heeres in Germanien wurde, bildete er sich ein, die Menschen dort hätten außer der Stimme und den Gliedern nichts Menschenähnliches an sich, und die man durch das Schwert nicht hatte zähmen können, die könne man durch das römische Recht lammfromm machen. (4) Mit diesem Vorsatz begab er sich ins Innere Germaniens, und als habe er es mit Männern zu tun, die die Annehmlichkeiten des Friedens genossen, brachte er die Zeit des Sommerfeldzugs damit zu, von seinem Richterstuhl aus Recht zu sprechen und Prozeßformalitäten abzuhandeln.

118 (1) Die Leute dort sind aber – wer es nicht erfahren hat, wird es kaum glauben – bei all ihrer Wildheit äußerst verschlagen, ein Volk von geborenen Lügnern. Sie erfanden einen Rechtsstreit nach dem andern; bald schleppte einer den anderen vor Gericht, bald bedankten sie sich dafür, daß das römische Recht ihren Händeln ein Ende mache, daß ihr ungeschlachtes Wesen durch diese neue und bisher unbekannte Einrichtung allmählich friedsam werde und, was sie nach ihrer Gewohnheit bisher durch Waffengewalt entschieden hätten, nun durch Recht und Gesetz beigelegt würde. Dadurch wiegten sie Quintilius Varus in höchster Sorglosigkeit, ja, er fühlte sich eher als Stadtprätor, der auf dem römischen Forum Recht spricht, denn als Oberbefehlshaber einer Armee im tiefsten Germanien. (2)

bus exercitui praeesse crederet. (2) Tum iuvenis genere nobilis, manu fortis, sensu celer, ultra barbarum promptus ingenio, nomine Arminius, Sigimeri principis gentis eius filius, ardorem animi vultu oculisque praeferens, adsiduus, militiae nostrae prioris comes, iure etiam civitatis Romanae decus equestris consecutus gradus, segnitia ducis in occasionem sceleris usus est, haud imprudenter speculatus neminem celerius opprimi, quam qui nihil timeret, et frequentissimum initium esse calamitatis securitatem. (3) Primo igitur paucos, mox pluris in societatem consilii recepit: opprimi posse Romanos et dicit et persuadet, decretis facta iungit, tempus insidiarum constituit. (4) Id Varo per virum eius gentis fidelem clarique nominis, Segesten, indicatur. Postulabat etiam *** fata consiliis omnemque animi eius aciem praestrinxerant: quippe ita se res habet, ut plerumque cuius fortunam mutaturus deus, consilia corrumpat efficiatque, quod miserrimum est, ut, quod accidit, etiam merito accidisse videatur et casus in culpam transeat. Negat itaque se credere speciemque in se benevolentiae ex merito aestimare profitetur. Nec diutius post primum indicem secundo relictus locus.

119 (1) Ordinem atrocissimae calamitatis, qua nulla post Crassi in Parthis damnum in externis gentibus gravior Ro-

Es gab damals einen jungen Mann aus vornehmem Geschlecht, der tüchtig im Kampf und rasch in seinem Denken war, ein beweglicherer Geist, als es die Barbaren gewöhnlich sind. Er hieß Arminius und war der Sohn des Sigimer, eines Fürsten jenes Volkes. In seiner Miene und in seinen Augen spiegelte sich sein feuriger Geist. Im letzten Feldzug hatte er beständig auf unserer Seite gekämpft und hatte mit dem römischen Bürgerrecht auch den Rang eines römischen Ritters erlangt. Nun machte er sich die Indolenz unseres Feldherrn für ein Verbrechen zunutze. Es war kein dummer Gedanke von ihm, daß niemand leichter zu fassen ist als ein Nichtsahnender, und daß das Unheil meistens dann beginnt, wenn man sich ganz sicher fühlt. (3) Erst weihte er nur wenige, dann mehrere in seinen Plan ein. Die Römer könnten vernichtet werden, das war seine Behauptung, mit der er auch überzeugte. Er ließ den Beschlüssen Taten folgen und legte den Zeitpunkt für den Hinterhalt fest. (4) Dies wurde dem Varus von Segestes hinterbracht, einem loyalen Mann jenes Volkes mit angesehenem Namen. Er forderte Varus auf, die Verschwörer in Ketten zu legen.[14] Aber das Schicksal war schon stärker als die Entschlußkraft des Varus und hatte die Klarheit seines Verstandes völlig verdunkelt. Denn so geht es ja: Wenn ein Gott das Glück eines Menschen vernichten will, dann trübt er meistens seinen Verstand und bewirkt damit – was das Beklagenswerteste daran ist, – daß dieses Unglück auch noch scheinbar verdientermaßen eintrifft und sich Schicksal in Schuld verwandelt. Varus wollte es also nicht glauben und beharrte darauf, die offensichtlichen Freundschaftsbezeugungen der Germanen gegen ihn als Anerkennung seiner Verdienste zu betrachten. Nach diesem ersten Warner blieb für einen zweiten keine Gelegenheit mehr.

119 (1) Den Ablauf dieser schrecklichen Katastrophe – die schwerste Niederlage der Römer gegen auswärtige Feinde seit der des Crassus gegen die Parther – werde

manis fuit, iustis voluminibus ut alii, ita nos conabimur exponere: nunc summa deflenda est. (2) Exercitus omnium fortissimus, disciplina, manu experientiaque bellorum inter Romanos milites princeps, marcore ducis, perfidia hostis, iniquitate fortunae circumventus, cum ne pugnandi quidem aut egrediendi occasio iis, in quantum voluerant, data esset immunis, castigatis etiam quibusdam gravi poena, quia Romanis et armis et animis usi fuissent, inclusus silvis, paludibus, insidiis ab eo hoste ad internecionem trucidatus est, quem ita semper more pecudum trucidaverat, ut vitam aut mortem eius nunc ira nunc venia temperaret. (3) Duci plus ad moriendum quam ad pugnandum animi fuit: quippe paterni avitique successor exempli se ipse transfixit. (4) At e praefectis castrorum duobus quam clarum exemplum L. Eggius, tam turpe Ceionius prodidit, qui, cum longe maximam partem absumpsisset acies, auctor deditionis supplicio quam proelio mori maluit. At Vala Numonius, legatus Vari, cetera quietus ac probus, diri auctor exempli, spoliatum equite peditem relinquens fuga cum alis Rhenum petere ingressus est. Quod factum eius fortuna ulta est; non enim desertis superfuit, sed desertor occidit. (5) Vari corpus semiustum hostilis laceraverat feritas; caput eius abscisum latumque ad Maroboduum et ab

ich, wie schon andere es getan haben, in meinem größeren Geschichtswerk ausführlich darzustellen versuchen, hier sei des Ereignisses nur allgemein mit Trauer gedacht. (2) Die tapferste Armee von allen, führend unter den römischen Truppen, was Disziplin, Tapferkeit und Kriegserfahrung angeht, wurde durch die Indolenz des Führers, die betrügerische List des Feindes und die Ungunst des Schicksals in einer Falle gefangen. Weder zum Kämpfen noch zum Ausbrechen bot sich ihnen, so sehnlich sie es auch wünschten, ungehindert Gelegenheit, ja, einige mußten sogar schwer dafür büßen, daß sie als Römer ihre Waffen und ihren Kampfgeist eingesetzt hatten.[15] Eingeschlossen in Wälder und Sümpfe, in einen feindlichen Hinterhalt, wurden sie Mann für Mann abgeschlachtet, und zwar von demselben Feind, den sie ihrerseits stets wie Vieh abgeschlachtet hatten – dessen Leben und Tod von ihrem Zorn oder ihrem Mitleid abhängig gewesen war. (3) Der Führer hatte mehr Mut zum Sterben als zum Kämpfen. Nach dem Beispiel seines Vaters und Großvaters durchbohrte Varus sich selbst mit dem Schwert. (4) Von den beiden Lagerpräfekten aber gab der eine, L. Eggius, ein heldenhaftes, der andere, Ceionius, ein erbärmliches Beispiel. Der letztere bot, nachdem der größte Teil des Heeres schon umgekommen war, die Übergabe an: Er wollte lieber hingerichtet werden als im Kampf sterben. Numonius Vala aber, ein Legat des Varus, sonst ein ruhiger und bewährter Mann, gab ein abschreckendes Beispiel: Er beraubte die Fußsoldaten ihres Schutzes durch die Reiterei, machte sich mit den Schwadronen auf die Flucht und suchte den Rhein zu erreichen. Jedoch das Schicksal rächte seine Schandtat: Er überlebte seine Kameraden nicht, von denen er desertiert war, sondern fand als Deserteur den Tod. (5) Den halbverkohlten Leichnam des Varus rissen die Feinde in ihrer Rohheit in Stücke. Sie trennten sein Haupt ab und sandten es zu Marbod. Dieser wieder schickte es zu Caesar

eo missum ad Caesarem gentilicii tamen tumuli sepultura honoratum est.

120 (1) His auditis revolat ad patrem Caesar; perpetuus patronus Romani imperii adsuetam sibi causam suscipit. Mittitur ad Germaniam, Gallias confirmat, disponit exercitus, praesidia munit et se magnitudine sua, non fiducia hostium metiens, qui Cimbricam Teutonicamque militiam Italiae minabatur, ultro Rhenum cum exercitu transgreditur. (2) Arma infert, quae arcuisse pater et patria contenti erant; penetrat interius, aperit limites, vastat agros, urit domos, fundit obvios maximaque cum gloria, incolumi omnium, quos transduxerat, numero in hiberna revertitur. (3) Reddatur verum L. Asprenati testimonium, qui legatus sub avunculo suo Varo militans gnava virilique opera duarum legionum, quibus praeerat, exercitum immunem tanta calamitate servavit matureque ad inferiora hiberna descendendo vacillantium etiam cis Rhenum sitarum gentium animos confirmavit. Sunt tamen, qui ut vivos ab eo vindicatos, ita iugulatorum sub Varo occupata crediderint patrimonia hereditatemque occisi exercitus, in quantum voluerit, ab eo aditam. (4) L. etiam Caedicii praefecti castrorum eorumque, qui una circumdati Alisone immensis Germanorum copiis obsidebantur, laudanda virtus est, qui omni-

Augustus, der ihm trotz allem die Ehre eines Familienbegräbnisses gewährte.

120 (1) Auf diese Nachrichten hin machte sich Tiberius Caesar in fliegender Eile auf zu seinem Vater.[16] Als ständiger Schutzherr des römischen Reiches übernahm er seine angestammte Aufgabe. Er wurde nach Germanien entsandt, sicherte die gallischen Provinzen, verteilte die Armeen, verstärkte die Besatzungen und bemaß seine Aussichten nach seinem eigenen Feldherrntalent und nicht nach der Siegeszuversicht der Feinde, die Italien mit einem neuen Kimbern- und Teutonenkrieg drohten. So überschritt er seinerseits mit dem Heer den Rhein (2) und trug den Krieg ins Land des Feindes, während sein Vater und sein Vaterland sich mit der Abwehr begnügt hatten. Er drang ins Landesinnere ein, legte die Grenzwege offen, verwüstete die Äcker, brannte die Häuser nieder, schlug alle, die sich ihm entgegenstellten, und kehrte, mit Ruhm bedeckt und ohne jeglichen Verlust bei seinen Truppen, die er über den Rhein geführt hatte, ins Winterlager zurück. (3) Hier soll nun auch L. Asprenas mit Fug und Recht Erwähnung finden. Er war Legat unter seinem Onkel Varus gewesen und hatte durch sein tapferes, mannhaftes Verhalten das aus zwei Legionen bestehende Heer, das er befehligte, unversehrt aus der großen Katastrophe gerettet. Und indem er in Eilmärschen in die Winterquartiere Germaniens zog, bestärkte er die diesseits des Rheines wohnenden Völker, die schon schwankend geworden waren, in ihrer Treue. Dennoch gibt es Leute, die glauben, er habe zwar die Lebenden gerettet, aber auch die Hinterlassenschaft der mit Varus Umgekommenen an sich gebracht und nach seinem Belieben die Erbschaft der getöteten Soldaten angetreten. (4) Lobende Erwähnung verdient ebenso die Tapferkeit des Lagerpräfekten L. Caedicius und seiner Soldaten, die mit ihm in Aliso eingekesselt und von den Germanen mit einer ungeheuren Truppenmacht belagert wurden. Sie meisterten ihre schwierige Lage, die

bus difficultatibus superatis, quas inopia rerum intolerabilis, vis hostium faciebat inexsuperabilis, nec temerario consilio nec segni providentia usi speculatique opportunitatem ferro sibi ad suos peperere reditum. (5) Ex quo apparet Varum, sane gravem et bonae voluntatis virum, magis imperatoris defectum consilio quam virtute destitutum militum se magnificentissimumque perdidisse exercitum. (6) Cum in captivos saeviretur a Germanis, praeclari facinoris auctor fuit Caldus Caelius, adulescens vetustate familiae suae dignissimus, qui complexus catenarum, quibus vinctus erat, seriem, ita illas inlisit capiti suo, ut protinus pariter sanguinis cerebrique effluvio expiraret.

121 (1) Eadem virtus et fortuna subsequenti tempore ingressi Germaniam imperatoris Tiberii fuit, quae initio fuerat. Qui concussis hostium viribus classicis peditumque expeditionibus, cum res Galliarum maximae molis accensasque plebis Viennensium dissensiones coërcitione magis quam poena mollisset, et senatus populusque Romanus postulante patre eius, ut aequum ei ius in omnibus provinciis exercitibusque esset, quam erat ipsi, decreto complexus esset (2) (etenim absurdum erat non esse sub illo, quae ab illo vindicabantur, et qui ad opem ferendam primus erat, ad vindicandum honorem non iudicari parem), in urbem reversus iam pridem debitum, sed continuatione bellorum dilatum ex Pannoniis Delmatisque egit triumphum.

der Mangel an Lebensmitteln schier unerträglich und die Übermacht der Feinde fast aussichtslos gemacht hatte. Dabei verließen sie sich weder auf tollkühne Entschlüsse noch auf zauderndes Hin- und Herüberlegen, sondern faßten eine günstige Gelegenheit ins Auge und schlugen sich mit dem Schwert in der Hand zu ihren Kameraden durch. (5) Hieraus ersieht man, daß Varus, durchaus ein ernsthafter Mann mit den besten Absichten, sein Leben und seine großartige Armee eher wegen seiner Schwäche als Feldherr verlor und nicht, weil ihn die Soldaten mit mangelnder Tapferkeit im Stich gelassen hätten. (6) Als die Germanen gegen die Gefangenen wüteten, zeichnete sich der junge Caelius Caldus, ein würdiger Sproß seiner altberühmten Familie, durch eine tapfere Tat aus. Er schmetterte ein Ende der Kette, mit der er gefesselt war, mit solcher Wucht gegen seinen Kopf, daß sein Blut und sein Gehirn ausflossen und er sogleich sein Leben aushauchte.

121 (1) Mit der gleichen Tatkraft und dem Kriegsglück wie zu Anfang drang der Imperator Tiberius in der folgenden Zeit in Germanien ein. Er brach die Macht des Feindes durch Kriegszüge mit der Flotte und mit dem Landheer, ordnete die schwierigen Verhältnisse in Gallien und besänftigte die erhitzten Gemüter der aufständischen Bürger von Vienna, und zwar mehr durch sein strenges Auftreten als durch Strafen. Senat und Volk von Rom aber beschlossen daraufhin auf Antrag seines Vaters ein Dekret, nach dem Tiberius in allen Provinzen und bei sämtlichen Armeen die gleichen Vollmachten besitzen sollte wie sein Vater.[17] (2) (Es wäre ja auch gegen alle Vernunft gewesen, wenn die Gebiete, die sich unter seiner Obhut befanden, nicht auch unter seiner Oberherrschaft gestanden hätten, und wenn der Mann, der stets als Erster zur Hilfeleistung bereitstand, nicht auch gleicher Ehren für würdig erachtet wurde.) Tiberius kehrte daraufhin nach Rom zurück und feierte seinen längst verdienten, aber durch die dauernden Kriege verzögerten Triumph über Pannonier und Dalma-

(3) Cuius magnificentiam quis miretur in Caesare? Fortunae vero quis non miretur indulgentiam? Quippe omnis eminentissimos hostium duces non occisos fama narravit, sed vinctos triumphus ostendit; quem mihi fratrique meo inter praecipuos praecipuisque donis adornatos viros comitari contigit.

122 (1) Quis non inter reliqua, quibus singularis moderatio Ti. Caesaris elucet atque eminet, hoc quoque miretur, quod, cum sine ulla dubitatione septem triumphos meruerit, tribus contentus fuit? Quis enim dubitare potest, quin ex Armenia recepta et ex rege praeposito, cuius capiti insigne regium sua manu imposuerat, ordinatisque rebus Orientis ovans triumphare debuerit, et Vindelicorum Raetorumque victor curru urbem ingredi? (2) Fractis deinde post adoptionem continua triennii militia Germaniae viribus idem illi honor et deferendus et recipiendus fuerit? Et post cladem sub Varo acceptam, ocius prosperrimo rerum eventu eadem excisa Germania triumphus summi ducis adornari debuerit? Sed in hoc viro nescias, utrum magis mireris, quod laborum periculorumque semper excessit modum, an quod honorum temperavit.

tier. (3) Wer könnte sich über die Prachtentfaltung bei einem Triumph Tiberius Caesars wundern? Aber wer wunderte sich nicht über die Gunst des Schicksals? Alle die tapfersten Führer der Feinde waren nämlich nicht, wie man schon gerüchteweise gehört hatte, getötet, sondern man konnte sie beim Triumphzug leibhaftig in Ketten einhergehen sehen. Mir und meinem Bruder wurde das Glück zuteil, zusammen mit den großartigsten Männern Roms, die im Schmuck der großartigsten Ehrengaben prangten, an diesem Triumphzug teilzunehmen.

122 (1) Wer würde es nicht bewundern – von den anderen glänzenden Beweisen seiner einzigartigen Mäßigung ganz abgesehen –, daß Tiberius Caesar, obwohl er ohne Zweifel sieben Triumphe verdient hatte, mit dreien zufrieden war? Denn wie könnte man daran zweifeln, daß er damals eine Ovation verdient hatte – als er Armenien zurückgewonnen, dem Land einen König gegeben und ihm mit eigener Hand das königliche Diadem aufs Haupt gesetzt hatte – oder als er die Verhältnisse im Osten geordnet hatte? Und daß er als Sieger über Vindeliker und Räter verdient hätte, auf dem Triumphwagen in Rom einzuziehen? (2) Und als er nach seiner Adoption in einer dreijährigen ununterbrochenen Kampagne Germanien niedergeworfen hatte – hätte er da nicht wieder die gleichen Ehren erhalten und annehmen müssen? Und als sich nach der Niederlage des Varus die Dinge rascher als erwartet zum Guten wandten und Germanien vernichtend geschlagen war – hätte da nicht dieses Germanien dem großen Feldherrn zur Zierde seines Triumphes dienen müssen? Aber man weiß bei diesem Mann nicht, was man mehr bewundern soll: daß er im Ertragen von Mühen und Gefahren stets jegliches Maß überschritt, oder daß er bei seinen Ehrungen so aufs Maß bedacht war.

Seneca der Ältere

Lucius Annaeus Seneca, der »Rhetor«, ist der Vater des bekannteren, gleichnamigen Politikers und Philosophen. Aus einer Ritterfamilie in Corduba (heute Córdoba in Spanien) stammend, wurde er in jungen Jahren zur Ausbildung nach Rom geschickt. Der Schriftstellerei wandte er sich erst im Alter zu.

Sein Werk Controversiae (Streitfragen) *ist eine Sammlung von 74 fiktiven Musterreden (Deklamationen) in 10 Büchern, die sich als rhetorische Übungsstücke sowohl auf fiktive Rechtsfälle als auch auf historische Ereignisse beziehen. Sie sind während der Regierungszeit Caligulas, zwischen 37 und 41 n. Chr., auf Anregung seiner Söhne entstanden, die den bereits über 90-Jährigen gedrängt hatten, seine Erinnerungen an die Beredsamkeit seiner Jugend aufzuschreiben.*

Verwendung fanden die Übungs- und Kunstreden in Form von forensischen Schaugefechten, die auf meist fingierte Rechtsfälle und Situationen angewandt wurden. Nach der Vorstellung des Sachverhalts werden die Fälle von mehreren Rednern im Hinblick auf das Für und Wider der Urteile diskutiert.

6 *Controversiae* I,3,10

(10) Declamaverat apud illum hanc ipsam controversiam *Varus Quinti⟨li⟩us*, tunc Germanici gener, ut praetextatus; cum descripsisset circumstantium ⟨indignationem⟩, quod tam cito oculis poena subduceretur, dixit: exaudierunt dii immortales publici[um] voti preces: incestam, ne cito supplicium transcurreret, revocaverunt. *Cestius* multa

Neben einer Vielzahl von Fällen liefert Seneca auch eine Geschichte der römischen Rhetorik bis in die Zeit des Tiberius und knüpft damit an Ciceros Dialog Brutus *an, der sie bis in seine Zeit darstellt.*

Trotz seiner Erzählleidenschaft und seines immensen und detaillierten Erinnerungsvermögens zeigt sich Seneca, der wahrscheinlich selbst nie als Redelehrer tätig war, kritisch gegenüber dieser bloß fiktiven Form der Beredsamkeit und sieht in ihrer Verselbstständigung von den Rhetorikschulen einen Verfall der Redekunst. Gleichzeitig gibt er aber auch zu verstehen, dass die politische Situation nach dem Ende der römischen Republik ein freies Reden nicht mehr uneingeschränkt zulasse, sondern es notwendig mache, mittels fiktiver politischer Deklamationen das Redetalent zu üben.

Die Erwähnung des Varus sowie seines gleichnamigen Sohnes im ersten Buch der Controversiae *steht im Zusammenhang mit der Frage, ob eine unkeusche Priesterin der Vesta, die wegen ihrer Unzucht zum Tode verurteilt worden war, doch den Sturz vom Tarpeischen Felsen überlebt hat, erneut herabgestürzt werden soll.*

6 *Streitfragen* 1,3,10

(10) In der Schule des Cestius[18] hatte *Quintilius Varus* denselben Streitfall behandelt; dieser trug damals [mit etwa 17 Jahren] noch die purpurverbrämte Toga und war der Schwiegersohn des Germanicus. Nachdem er die ›Enttäuschung‹ der Augenzeugen beschrieben hatte, weil die Bestrafung den Augen so rasch entschwinde, fuhr er fort: »Aber die unsterblichen Götter erhörten Wünsche und Bitten des Publikums: Sie holten die Sünderin zurück, damit die Hinrichtung nicht so rasch vorübergehe.« *Cestius* hatte an dieser

contumeliose dixit in istam sententiam: sic, inquit, quomodo quadrigas, revocaverunt? nam et ante posuisti ⟨istam⟩ similitudinem, quia et haec de carcere exierat. cum multa dixisset, novissime adiecit rem, quam omnes improbavimus: ‘ista neglegentia pater tuus exercitum perdidit.’ filium obiurgabat, patri male dixit.

Seneca der Jüngere

Seneca wurde als Sohn einer alteingesessenen Ritterfamilie in Corduba (heute Córdoba in Spanien) geboren. In Rom zum Rhetor ausgebildet, war er eine Zeitlang als Anwalt tätig, bevor er wegen der Verwicklung in eine Hofintrige von Claudius für siebeneinhalb Jahre (41–49) in die Verbannung auf Korsika geschickt wurde. Von dort holte ihn Agrippina, die neue Gattin des Claudius, wieder zurück nach Rom, wo er der Lehrer und Erzieher ihres aus früherer Ehe stammenden Sohnes Nero wurde. Im Jahre 65 geriet er in eine gegen Nero gerichtete Verschwörung um C. Calpurnius Piso, bei der er allenfalls Mitwisser gewesen sein kann, wurde denunziert und von Nero zum Selbstmord gezwungen.

Das Œuvre Senecas umfasst philosophische Abhandlungen, Reden, Tragödien und mindestens eine Spottschrift. Zu seinem umfangreichen Spätwerk zählen die 124 philo-

7 *Epistulae morales ad Lucilium* 47,10

(10) Vis tu cogitare istum quem servum tuum vocas ex isdem seminibus ortum eodem frui caelo, aeque spirare,

Sentenz viel und scharf zu tadeln: »Also haben sie die Frau wie eine Quadriga an die Startschranken zurückgeholt?«, rief er. »Du hattest ›diesen‹ Vergleich ja schon vorher gebraucht, als du sagtest, jene sei aus den Schranken des Kerkers hervorgetreten.«[19] Und nach langen Reden fügte er schließlich einen Vorwurf an, den wir alle mißbilligten: »Durch solche Unüberlegtheit hat dein Vater[20] sein Heer verloren.« Um den Sohn zu tadeln, beschimpfte er den Vater.

sophischen Epistulae morales ad Lucilium, *die in den Jahren 62 bis 65 entstanden. Die Erwähnung des Schicksals der Überlebenden der Varusschlacht findet sich in Brief 47 – einem der bekanntesten Briefe der Sammlung –, in dem der Umgang mit Sklaven erörtert wird. Als einer der wenigen Autoren der Antike spricht sich Seneca deutlich dafür aus, Sklaven als Menschen zu behandeln, da sie aus gleichem Samen* (ex isdem seminibus) *wie ihre Herren seien. Er fordert daher ein entsprechendes Verhalten – »Lebe so mit einem Tieferstehenden, wie Du möchtest, daß ein Höhergestellter mit Dir lebe!«* (cum interiore vivas quemadmodum tecum superiorem velis vivere; *47,11*) *– sowie ein Innehalten bei dem Gedanken, dass das Schicksal sich schnell wenden und einen Herrn in kürzester Zeit zum Sklaven machen kann, wie es einigen Offizieren in der Folge der verlorenen Varusschlacht widerfuhr.*

7 *Briefe an Lucilius über Ethik* 47,10

(10) Willst Du bedenken, daß der, den Du Deinen Sklaven nennst, aus den gleichen Keimen[21] entstanden ist, sich des gleichen Himmels erfreut, ebenso atmet, ebenso lebt,

aeque vivere, aeque mori! tam tu illum videre ingenuum potes quam ille te servum. Variana clade multos splendidissime natos, senatorium per militiam auspicantes gradum, fortuna depressit: alium ex illis pastorem, alium custodem casae fecit. Contemne nunc eius fortunae hominem in quam transire dum contemnis potes.

Plinius der Ältere

Die zuerst 77 n. Chr. erschienene Naturkunde *des Plinius ist eine in Sachgruppen zusammengefasste Enzyklopädie des Wissens der damaligen Zeit. In 37 Büchern wird eine Vielzahl kosmologischer, geographischer, anthropologischer, biologischer, mineralogischer, medizinischer und kunstgeschichtlicher Themen ausgebreitet. Im ersten Buch listet Plinius über 400 Autoren (darunter knapp 150 lateinische) auf und erwähnt 100 Schriftsteller, aus denen er Zitate entliehen hat. Im Vorwort des Werkes legt er Wert darauf festzustellen, dass ihm Plagiatoren und geistige Plünderer verhasst seien.*

Wie aus einigen Briefen seines Neffen, Plinius d. J., sowie einem erhaltenen Abschnitt aus einer Pliniusvita des Sueton ersichtlich wird, war Plinius Berufsoffizier unter Claudius, nahm 47 an einem Feldzug gegen die Chauken und 50/51 gegen die Chatten teil und wurde später Flottenkommandant. Er soll in jeder freien Minute gelesen, Textstellen exzerpiert und schließlich 160 beidseitig be-

ebenso stirbt (wie Du)! Genauso kannst Du ihn als Freigeborenen ansehen wie er Dich als Sklaven. Nach der Niederlage des Varus hat das Geschick viele Männer von glänzender Herkunft, die sich auf Grund ihres Militärdienstes den senatorischen Rang erhofften, tief fallen lassen: den einen von ihnen machte es zum Hirten, den anderen zum Wächter einer Hütte. Verachte nun einen Menschen, der sich zufällig in einer Lage befindet, in die Du, noch während Du ihn verachtest, hineingeraten kannst.

schriebene Buchrollen mit Notizen hinterlassen haben. Häufig wurde ihm einerseits zum Vorwurf gemacht, dass er diese Quellen weitgehend unkritisch übernommen habe und die wesentlichen Dinge von den unwesentlichen nicht zu trennen wusste; anderseits ist es ebendiese distanzlose Zitierwut, durch die wir einen unverstellten Einblick in viele ansonsten verlorene Werke der Antike erhalten. Nach Aussage des jüngeren Plinius hat sein Onkel eine heute verlorene Geschichte der Germanenkriege in 20 Büchern verfasst (Epistulae *III,5,4). Plinius starb am 24. August 79 n. Chr. in Stabiae bei einer Rettungsaktion für Opfer des Vesuvausbruchs.*

Die Erwähnung der Varusniederlage (Variana clades) *befindet sich im siebten Buch der* Naturkunde, *das sich anthropologischen Fragestellungen widmet. Sie steht im Zusammenhang mit Überlegungen zur Glückseligkeit des Menschen, insbesondere den Schicksalsschlägen im Leben des vermeintlich glücklichen Augustus.*

8 *Naturalis historia* VII,147–150

(147) In Divo quoque Augusto, quem universa mortalitas in hac censura nuncupet, si diligenter aestimentur cuncta, magna sortis humanae reperiantur volumina: repulsa in magisterio equitum apud avunculum et contra petitionem eius praelatus Lepidus; proscriptionis invidia, collegium in triumviratu pessimorum civium, nec aequa saltem portione, sed praegravi Antonio; (148) Philippensi proelio morbidi fuga et triduo in palude aegroti et – ut fatentur Agrippa ac Maecenas – aqua subter cutem fusa turgidi latebra; naufragia Sicula et alia ibi quoque in spelunca occultatio; iam in navali fuga urguente hostium manu preces Proculeio mortis admotae; cura Perusinae contentionis, sollicitudo Martis Actiaci, Pannonicis bellis ruina e turri; (149) tot seditiones militum, tot ancipites morbi corporis; suspecta Marcelli vota, pudenda Agrippae ablegatio, totiens petita insidiis vita, incusatae liberorum mortes luctusque non tantum orbitate tristis, adulterium filiae et consilia parricidae palam facta, contumeliosus privigni Neronis secessus, aliud in nepte adulterium; iuncta deinde tot mala, inopia stipendi, rebellio Illyrici, servitiorum dilectus iuventutis penuria, pestilentia urbis, fames Italiae, destinatio exspirandi et quadridui inedia maior pars mortis

8 *Naturkunde* VII,147–150

(147) Auch beim göttlichen Augustus, den die ganze Menschheit zu der Gruppe der Glücklichen zählt, wird man bei sorgfältiger Erwägung aller Umstände ein bedeutendes Auf und Ab des menschlichen Geschickes finden: die Zurücksetzung durch seinen Oheim, als er das Amt des *magister equitum* anstrebte und ihm gegen sein Gesuch Lepidus[22] vorgezogen wurde; der Haß, den ihm die Ächtungen zuzogen, die Zugehörigkeit zum Triumvirat der schlechtesten Bürger, wobei die Macht nicht einmal gleich verteilt war, sondern Antonius das Übergewicht hatte; (148) seine durch eine Erkrankung[23] veranlaßte Flucht in der Schlacht von Philippi und das dreitägige Versteck des Leidenden in einem Sumpfe, wobei er – wie Agrippa[24] und Maecenas[25] bezeugen – durch Wassersucht aufgeschwollen war; die Schiffbrüche bei Sizilien und sein zweites Verschwinden dort in einer Höhle; die an Proculeius gerichtete Bitte, ihn zu töten, als ihn auf der Flucht nach der Seeschlacht eine Gruppe von Feinden bedrängte; sein Kummer bei der Auseinandersetzung zu Perugia, seine Aufregung in der Schlacht bei Actium, sein Sturz von einem Turm während der pannonischen Kriege; (149) häufige Aufstände seiner Soldaten, so viele bedenkliche Erkrankungen; die verdächtigen Wünsche des Marcellus[26], die schimpfliche Verbannung des Agrippa,[27] so viele Anschläge auf sein Leben, der ihm zur Last gelegte Tod seiner Kinder und der dadurch gesteigerte Schmerz über ihren Verlust;[28] der Ehebruch seiner Tochter und die Aufdeckung ihrer vatermörderischen Anschläge,[29] die schmachvolle freiwillige Entfernung seines Stiefsohnes Nero,[30] ein anderer Ehebruch seiner Enkelin;[31] dazu die Häufung so vieler Unglücksfälle, Mangel an Sold, die Empörung in Illyrien, die Notwendigkeit der Anwerbung von Sklaven aus Mangel an jungen Streitkräften, die Pest[32] in der Stadt, die Hungersnot in Italien, sein Vorsatz zu sterben, und sein viertägiges Fasten, wodurch er an den

in corpus recepta; (150) iuxta haec Variana clades et maiestatis eius foeda suggilatio; abdicatio Postumi Agrippae post adoptionem, desiderium post relegationem, inde suspicio in Fabium arcanorumque proditionem; hinc uxoris et Tiberii cogitationes, suprema eius cura. in summa deus ille caelumque nescio adeptus magis an meritus herede hostis sui filio excessit.

Frontinus

Sextus Iulius Frontinus war ein hoher Staatsbeamter unter den Kaisern Domitian, Nerva und Traian. Er war 73 Suffektkonsul, d. h. nach dem Rücktritt eines der beiden amtierenden Konsuln im laufenden Jahr mit diesem Amt betraut, und 77/78 Statthalter in Britannien. Er zog 83 mit Domitian gegen die Chatten, wurde drei Jahre später Prokonsul der Provinz Asia und 98 bzw. 100 unter Traian erneut Konsul.

Die Strategemata *sind eine Sammlung mit Kriegslisten in vier Büchern. In den ersten drei Büchern werden Beispiele von Kriegslisten vor, während und nach einer Belagerung aufgezählt, im vierten besondere Leistungen von Feldherrn dargestellt. Die Kriegslisten sind in bestimmte Verhaltensweisen eingeteilt:* disciplina *(Kriegserziehung),* continentia *(Selbstbeherrschung),* iustitia *(Gerechtigkeit) und* constantia *(Standhaftigkeit). Frontinus macht deutlich, dass es die Intelligenz der Strategen ist, die über Sieg oder Niederlage entscheidet.*

Die Erwähnung des Arminius als »Anführer der Germanen« (dux Germanorum) *findet sich im zweiten Buch, Kapitel 9, unter der Überschrift: »Wie man nach einem Er-*

Rand des Todes geriet; (150) außerdem die Niederlage des Varus und die üble Verhöhnung seiner Würde; die Verstoßung des Agrippa Postumus nach seiner Adoption, seine Sehnsucht nach dem Verbannten;[33] dann sein Verdacht gegen Fabius und die Furcht vor dem Verrat seiner Geheimnisse; endlich die Intrigen seiner Frau und des Tiberius, sein letzter Kummer. Kurz, dieser Gott, der den Himmel, ich weiß nicht, ob mehr erreicht oder verdient hat, hinterließ bei seinem Tod den Sohn seines Feindes als Erben.

folg den Krieg zu einem glücklichen Ende führt«. Die Schilderung der Überlebenden der Varusschlacht, die einen Aushungerungsversuch der Germanen, die fälschlicherweise an einen Mangel an Lebensmitteln auf Seiten der Römer glaubten, dadurch abwehren, dass sie Gefangene durch ihre gefüllten Vorratsmagazine führen und freilassen, um den Belagerern die Hoffnung auf eine zügige Eroberung zu nehmen, befindet sich im dritten Buch, Kapitel 15, unter der Überschrift: »Wie man den Eindruck erweckt, daß in Fülle da sei, was tatsächlich knapp ist«. Ob es sich hierbei um die bei Velleius erwähnte Belagerung des Lagers Aliso handelt (II,120), ist schwer zu sagen, da in Aliso der Lagerpräfekt eine aufgrund von Lebensmittelknappheit tatsächlich drohende Hungersnot durch einen mutigen Ausfall verhindern konnte.

Bei der unter der Überschrift »Über verschiedene Maßnahmen« stehenden dritten Erwähnung im 7. Kapitel des vierten Buches gelingt es einem eingeschlossenen römischen Proviantmeister, einen drohenden Feuerüberfall der Germanen auf sein Lager abzuwenden.

9 *Strategemata* II,9,4

(4) *Arminius*, dux Germanorum, capita eorum, quos occiderat, similiter praefixa ad vallum hostium admoveri iussit.

10 *Strategemata* III,15,4

(4) *Reliqui ex Variana clade*, cum obsiderentur, quia defici frumento videbantur, horrea tota nocte circumduxerunt captivos, deinde praecisis manibus dimiserunt: hi circumsedentibus suis persuaserunt, ne spem maturae expugnationis reponerent in fame Romanorum, quibus ingens alimentorum copia superesset.

11 *Strategemata* IV,7,8

(8) *Caedi⟨ci⟩us* primipilaris, qui in Germania post Varianam cladem obsessis nostris pro duce fuit, veritus, ne barbari ligna, quae congesta erant, vallo admoverent et castra eius incenderent, simulata lignorum inopia, missis undique, qui ea furarentur, effecit, ut Germani universos truncos amolirentur.

9 *Kriegslisten* II,9,4

(4) Der Anführer der Germanen *Arminius* ließ in ähnlicher Weise die Köpfe derer, die er getötet hatte, aufspießen und an den Wall des feindlichen Lagers herantragen. (9 n. Chr.)

10 *Kriegslisten* III,15,4

(4) Als die *Überlebenden nach der Niederlage des Varus* belagert wurden, weil es schien, sie hätten Mangel an Getreide, führten sie einige Gefangene eine ganze Nacht hindurch in den Magazinen umher, hieben ihnen dann die Hände ab und entließen sie. Diese brachten die Belagerer dazu, ihre Hoffnung auf eine schnelle Eroberung nicht auf eine Hungersnot der Römer zu bauen, da jenen ein gewaltiger Vorrat an Nahrungsmitteln zur Verfügung stände. (9 n. Chr.)

11 *Kriegslisten* IV,7,8

(8) Als der Primipilar[34] *Caedicius*, der in Germanien nach der Niederlage des Varus die Führung der eingeschlossenen Römer übernommen hatte, befürchtete, die Barbaren würden das Holz, das sie gesammelt hatten, an den Wall schaffen und sein Lager anzünden, tat er, als hätte er Mangel an Holz, und sandte überallhin Leute aus, um es heimlich zu entwenden, und erreichte dadurch, daß die Germanen sämtliche Baumstämme wegschafften. (9 n. Chr.)

Florus

Über das Leben des Lucius Annaeus Florus ist fast nichts bekannt. Aus den spärlichen Quellen lässt sich nur erschließen, dass er aus der Provinz Africa stammte und zwischen 86 und 94 an öffentlichen Dichterwettkämpfen teilnahm, die während der Regierungszeit des Domitian abgehalten wurden.

Seine zwischen den Jahren 98 und 138 entstandene Epitoma *behandelt die über 700-jährige römische Geschichte von der Gründung Roms bis zu Augustus. Weniger eine Gesamtdarstellung der historischen Ereignisse als eine Aufzählung der kriegerischen Auseinandersetzungen Roms im In- und Ausland, ist sie ein Loblied auf die römische Überlegenheit über alle anderen Völker.*

Florus setzt die Epochen der römischen Geschichte mit den vier Lebensaltern des Menschen gleich: die Königszeit entspricht der Kindheit, die Zeit bis zur völligen Eroberung Italiens (264 v. Chr.) ist die Jugend, dic Jahre bis Augustus das Mannesalter und die der Pax Romana *folgenden Jahrzehnte das Greisenalter. Unzufrieden mit der von Hadrian fortgeführten Friedenspolitik des Augustus, sieht er die Epoche der römischen Kaiser als eine durch die Träg-*

12 *Epitoma de Tito Livio* II,30

Germaniam quoque utinam vincere tanti non putasset! Magis turpiter amissa est quam gloriose adquisita. Sed quatenus sciebat patrem suum C. Caesarem bis transvectum ponte Rhenum quaesisse bellum, in illius honorem concupierat facere provinciam; et factum erat, si barbari tam vitia nostra quam imperia ferre potuissent.

heit der Regenten (inertia Caesarum) *gekennzeichnete Zeit, warnt aber gleichzeitig vor der Fortsetzung der römischen Expansionspolitik. Grund dafür ist vielleicht die Tatsache, dass es Augustus nicht gelang, die schon fast bezwungenen Germanen zu provinzialisieren. Einmal mehr ist es Varus, der aufgrund von Ausschweifungen* (libido), *Hochmut* (superbia) *und Grausamkeit* (saevitia) *sowie seiner Weigerung, die Warnungen vor dem germanischen Hinterhalt ernst zu nehmen, die Niederlage zu verantworten hat.*

Ähnlich wie Tacitus (Annalen *I,59*) *bezeichnet Florus die Einführung der römischen Rechtsprechung im rechtsrheinischen Gebiet als eine Maßnahme, die den Hass der Germanen auf die Römer entfachte. Im Gegensatz jedoch zu den anderen Darstellungen überfielen die Germanen die römischen Legionen nicht auf dem Weg zum Winterlager am Rhein, sondern in ihrem Lager beim Abhalten eines Tribunals, was darauf hindeuten könnte, dass Florus den Abschnitt über die Germanenkriege vor der Veröffentlichung von Tacitus'* Annalen *(112 n. Chr.) verfasste und eine andere Quelle benutzte.*

12 *Auszug aus dem Werk des Titus Livius* II,30

Oh wenn Caesar Augustus doch den Sieg über Germanien nicht für so wichtig gehalten hätte! Es ist mehr unter Schande verloren als ruhmvoll erstrebt worden. Aber er wusste doch, dass sein eigener Vater C. Caesar zweimal auf einer Brücke den Rhein überquert und dabei den Krieg gesucht hatte, zu dessen Ehren er Germanien als Provinz einzurichten sich innigst gewünscht hatte; und tatsächlich wäre das auch geschehen, wenn die Barbaren so sehr unsere Fehler wie unsere Herrschaft hätten ertragen können.

Missus in eam provinciam Drusus primos domuit Usipetes, inde Tencteros percucurrit et Catthos. Nam Marcomannorum spoliis et insignibus quendam editum tumulum in tropaei modum excoluit. Inde validissimas nationes Cheruscos Suebosque et Sygambros pariter adgressus est, qui viginti centurionibus in crucem actis hoc velut sacramento sumpserant bellum, adeo certa victoriae spe, ut praedam in anticessum pactione diviserint. Cherusci equos, Suebi aurum et argentum, Sygambri captivos elegerant; sed omnia retrorsum. Victor namque Drusus equos, pecora, torques eorum ipsosque praedam divisit et vendidit. Praeterea in tutelam provinciae praesidia atque custodias ubique disposuit per Mosam flumen, per Albin, per Visurgin. In Rheni quidem ripa quinquaginta amplius castella direxit. Bonnam et Gesoriacum pontibus iunxit classibusque firmavit. Invisum atque inaccessum in id tempus Hercynium saltum patefecit. Ea denique in Germania pax erat, ut mutati homines, alia terra, caelum ipsum mitius molliusque solito videretur. Denique non per adulationem, sed ex meritis, defuncto ibi fortissimo iuvene, ipse, quod numquam alias, senatus cognomen ex provincia dedit.

Sed difficilius est provincias optinere quam facere; viribus parantur, iure retinentur. Igitur breve id gaudium. Quippe Germani victi magis quam domiti erant, moresque nostros magis quam arma sub imperatore Druso suspicie-

Nachdem Nero Claudius Drusus Germanicus in diese Provinz geschickt worden war, unterwarf er als erste die Usipeter, dann die Tenkterer und eilte dann auch durch das Gebiet der Chatten. Denn er schmückte mit den Beutestücken und Auszeichnungen der Markomannen eine Anhöhe nach der Art einer Siegestrophäe. Anschließend griff er in gleicher Weise die stärksten Volksstämme an, die Cherusker, Sueben und Sugambrer, die zwanzig Zenturionen ans Kreuz geschlagen und hierdurch gleich wie durch ein Opfer den Krieg eröffnet hatten. Sie waren sich ihres Sieges so sicher, dass sie die Beute im Voraus vertraglich verteilt hatten. Die Cherusker hatten die Pferde ausgewählt, die Sueben das Gold und Silber, die Sugambern die Gefangenen; aber alles verlief genau umgekehrt. Denn der siegreiche Drusus teilte und verkaufte die Pferde, das Vieh und ihre Halsketten, schließlich sie selbst als seine Beute. Außerdem verteilte er zum Schutz der Provinz überall Schutztruppen und bewachte Posten an der Maas, der Elbe und der Weser. Am Rheinufer freilich errichtete er mehr als 50 Lager. Bonn [?] und Gesoriacum[35] verband er mit Brücken und sicherte sie mit Flotten. Er öffnete den von keinem Römer zuvor erblickten und bis zu dieser Zeit unbetretenen Hercynischen Wald. Schließlich herrschte in Germanien ein derartiger Friede, dass die Menschen ausgetauscht, das Land ganz anders, der Himmel selbst sanfter und milder als gewohnt zu sein schien. Schließlich verlieh der Senat selbst dem tüchtigen jungen Mann, nachdem er dort verstorben war[36], was sonst noch niemals geschehen war, einen Beinamen nach der Provinz, und zwar nicht aus Lobhudelei, sondern aufgrund seiner Verdienste.

Aber es ist schwieriger, Provinzen zu halten als einzurichten; mit Streitkräften werden sie eingerichtet, durch das Recht in Besitz gehalten. Diese Freude war also kurzfristig. Denn die Germanen waren eher besiegt als bezwungen, und unter dem Feldherrn Drusus empfanden sie

bant; postquam ille defunctus est, Vari Quintili libidinem ac superbiam haud secus quam saevitiam odisse coeperunt. Ausus ille agere conventum, et incautus edixerat, quasi violentiam e⟨t⟩ barbarum lictoris virgis et praeconis voce posset inhibere. At illi, qui iam pridem robigine obsitos enses inertesque maererent equos, ut primum togas et saeviora armis iura viderunt, duce Armenio arma corripiunt; cum interim tanta erat Varo pacis fiducia, ut ne prodita quidem per Segesten unum principum coniuratione commoveretur. Itaque inprovidum et nihil tale metuentem ex inproviso adorti, cum ille – o securitas! – ad tribunal citaret, undique invadunt; castra rapiuntur, tres legiones opprimuntur. Varus perditas res eodem, quo Cannensem diem Paulus, et fato est et animo secutus. Nihil illa caede per paludes perque silvas cruentius, nihil insultatione barbarum intolerantius, praecipue tamen in causarum patronos. Aliis oculos, aliis manus amputabant, unius os sutum, recisa prius lingua, quam in manu tenens barbarus 'tandem' ait 'vipera sibilare desisti.' Ipsius quoque consulis corpus, quod militum pietas humi abdiderat, effossum. Signa et aquilas duas adhuc barbari possident, tertiam

größere Hochachtung über unsere Sitten als über unsere Waffen; nachdem jener verstorben war, fingen sie an, die Ausschweifung und den Hochmut des P. Quintilius Varus ebenso zu hassen wie seine Grausamkeit. Jener wagte es, Gerichtstage abzuhalten, und hatte sie ohne Sicherheitsvorkehrungen[37] angesetzt, als ob er der Gewalt der Barbaren[38] durch die Stäbe des Liktors oder durch die Stimme des Herolds Einhalt gebieten könnte. Aber jene, die schon seit langer Zeit beklagten, dass ihre Schwerter aus Untätigkeit verrostet und ihre Pferde träge seien, ergriffen, als sie sahen, dass ihnen die Kleidung der Richter und die Rechtsordnung heftiger zusetzten als unsere Waffen, unter der Führung des Arminius ihre Waffen; unterdessen war plötzlich die Zuversicht des Varus auf Frieden so groß, dass er sich nicht einmal beunruhigen ließ, als durch Segestes, einen von den führenden Männern, eine Verschwörung verraten worden war. Daher fielen die Germanen unversehens von allen Seiten über Varus her, der nichts ahnte und vor etwas Derartigem auch keine Angst hatte, als jener – oh welch Sicherheit! – zu Gericht rief; das Lager wurde ausgeraubt, drei Legionen niedergemacht. Varus folgte der verlorenen Lage in derselben schicksalhaften Einstellung und demselben Mut, wie es L. Aemilius Paulus am Tag der Niederlage von Cannae getan hatte. Nichts war blutiger als jene Niederlage in den Sümpfen und Wäldern, nichts unerträglicher als der Übermut der Barbaren, doch vor allem gegenüber ihren rechtlichen Vertretern. Den einen entfernten sie die Augen, den anderen die Hände, der Mund eines Dritten wurde zugenäht, nachdem man zuvor seine Zunge herausgeschnitten hatte, und als ein Barbar diese in seiner Hand hielt, sagte er: »Endlich hast du Schlange aufgehört zu zischen!« Auch der Leichnam gerade des Konsuls, den die Soldaten in ihrer anhänglichen Dankbarkeit in der Erde verborgen hatten, wurde ausgegraben. Feldzeichen und zwei Legionsadler waren von diesem Zeitpunkt an bis heute in den Händen der

signifer, prius quam in manus hostium veniret, evolsit mersamque intra baltei sui latebras gerens in cruenta palude sic latuit. Hac clade factum, ut imperium, quod in litore Oceani non steterat, in ripa Rheni fluminis staret.

Tacitus

Über Herkunft und Leben des Publius Cornelius Tacitus ist fast nichts bekannt. Wahrscheinlich wurde er in Südgallien geboren und war ritterlicher Abstammung. Im Jahr 98 n. Chr., zu Beginn der Regierungszeit Traians, begann er mit der schriftstellerischen Tätigkeit und veröffentlichte zunächst den Agricola *– ein literarisches Denkmal für den ehemaligen Statthalter Britanniens, Iulius Agricola, dessen Tochter er 77 geheiratet hatte –, sowie kurz darauf* De origine et situ Germanorum, *kurz* Germania. *97 war er Konsul und 112/113 Prokonsul der Provinz Asia.*

Die zwischen 100 und 120 entstandenen und nur fragmentarisch erhaltenen Annalen *sind eine Darstellung der römischen Geschichte vom Regierungsantritt des Tiberius bis zum Ende des Jahres 66. Weniger der Absicht folgend, eine umfassende Reichsgeschichte vorzulegen, stellt Tacitus den zunehmenden Verlust von Freiheit* (libertas) *sowie individueller Leistung und Tatkraft* (virtus), *der durch den scheinbar unaufhaltsamen Niedergang der sittlichen Werte unter der Herrschaftsform des Prinzipats bedingt ist, ins Zentrum seiner Betrachtungen.*

Die Niederlage des Varus findet nur indirekt und in retrospektiver Betrachtung Erwähnung, da sie noch in die

Barbaren. Den dritten Legionsadler riss der Zeichenträger, bevor er in die Hände der Feinde geraten konnte, herab, und er verbarg sich, indem er ihn in die Falten seines Gürtels steckte, so in dem blutigen Sumpf. Infolge dieser Niederlage blieb das Reich, das an der Küste des Atlantiks nicht zum Stehen gekommen war, am Ufer des Rheins stehen.

Regierungszeit des Augustus fällt. Dennoch haben wir mit Tacitus' Text die neben Cassius Dios Bericht detaillierteste Darstellung der Ereignisse. Ausführlich widmet sich der Autor dem Geschehen wenige Jahre nach der Schlacht, als Germanicus Rachefeldzüge gegen die Germanen anführte, das Schlachtfeld der Varusniederlage besuchte und die herumliegenden Gebeine bestattete. Der Versuch, das rechtsrheinische Gebiet endgültig zu provinzialisieren, scheiterte jedoch durch die vorzeitige Abberufung durch Tiberius.

Von Tacitus erfahren wir von der Warnung vor dem Hinterhalt, die Segestes dem Varus zukommen ließ, von der Gefangennahme der Thusnelda sowie davon, dass Germanicus sein Heer in die »entlegensten Teile des Bruktererlandes« geführt und auf seinem Weg all jenes Gebiet zwischen Ems und Lippe verwüstet hat, das ganz in der Nähe des Teutoburgiensis saltus *(I,60) liegen soll, in dem sich die Überreste der Varusschlacht befanden. Ebenfalls von Tacitus stammt die Bezeichnung des Arminius als eines Aufwieglers Germaniens* (turbator Germaniae; *I,55*) *wie auch das berühmte Wort vom Befreier Germaniens* (liberator Germaniae; *II,88*).

13 *Ab excessu divi Augusti* I,3,5–6

(5) at hercule Germanicum, Druso ortum, octo apud Rhenum legionibus imposuit adscirique per adoptionem a Tiberio iussit, quamquam esset in domo Tiberii filius iuvenis, sed quo pluribus munimentis insisteret.

(6) Bellum ea tempestate nullum nisi adversus Germanos supererat, abolendae magis infamiae ob amissum cum Quintilio Varo exercitum quam cupidine proferendi imperii aut dignum ob praemium.

14 *Ab excessu divi Augusti* I,55–71

55 (1) *Druso Caesare C. Norbano* consulibus decernitur Germanico triumphus manente bello; quod quamquam in aestatem summa ope parabat, initio veris et repentino in Chattos excursu praecepit. nam spes incesserat dissidere hostem in Arminium ac Segestem, insignem utrumque perfidia in nos aut fide. (2) Arminius turbator Germaniae, Segestes parari rebellionem saepe alias et supremo convivio, post quod in arma itum, aperuit suasitque Varo ut se et Arminium et ceteros proceres vinciret: nihil ausuram plebem principibus amotis, atque ipsi tempus fore, quo crimina et innoxios discerneret. (3) sed Varus fato et vi Ar-

13 *Annalen* I,3,5–6

(5) Aber, wahrhaftig,[39] Germanicus, den Sohn des Drusus, machte er zum Befehlshaber über die acht Legionen, die am Rhein standen, und befahl Tiberius, ihn zu adoptieren, obgleich in der Familie des Tiberius ein jugendlicher Sohn[40] war. Doch Augustus wollte über eine vermehrte Zahl von Stützen verfügen.
(6) Der einzige Krieg, der in dieser Zeit noch andauerte, war der gegen die Germanen; er sollte mehr die Schande des unter Quintilius Varus verlorenen Heeres tilgen als dem Wunsch nach Ausdehnung des Reiches oder sonst einem den Einsatz lohnenden Preise dienen.

14 *Annalen* I,55–71

55 (1) Unter dem Konsulat des Drusus Caesar und des C. Norbanus wurde dem Germanicus ein Triumph zuerkannt, obwohl der Krieg noch weiterging. Die Vorbereitungen, die er mit aller Macht betrieb, galten zwar erst einem Sommerfeldzug, doch griff er diesem zu Beginn des Frühlings durch einen plötzlichen Einfall in das Gebiet der Chatten[41] vor. Denn man rechnete damit, daß der Feind sich in zwei Parteien spalte, in die des Arminius und die des Segestes, von denen sich der eine durch Treulosigkeit, der andere durch Treue uns gegenüber auszeichnete. (2) Arminius hatte Germanien aufgewiegelt; Segestes dagegen hatte den Varus auch sonst oft und erst wieder bei dem letzten Gastmahl, das unmittelbar vor dem Waffengang stattfand, auf die Vorbereitungen zu der Empörung hingewiesen und ihm geraten, ihn sowie Arminius und die übrigen Häuptlinge in Fesseln zu legen. Nichts werde das Volk wagen, wenn man ihm die Führer weggenommen habe, und Varus selbst werde Zeit gewinnen, Verbrecher und Unschuldige zu sondern. (3) Aber das Schicksal und die Macht des Arminius brachten

mini cecidit; Segestes, quamquam consensu gentis in bellum tractus, discors manebat, auctis privatim odiis, quod Arminius filiam eius alii pactam rapuerat: gener invisus inimici soceri, quaeque apud concordes vincula caritatis, incitamenta irarum apud infensos erant.

56 (1) Igitur Germanicus quattuor legiones, quinque auxiliarium milia et tumultuarias catervas Germanorum cis Rhenum colentium Caecinae tradit; totidem legiones, duplicem sociorum numerum ipse ducit, positoque castello super vestigia paterni praesidii in monte Tauno expeditum exercitum in Chattos rapit, L. Apronio ad munitiones viarum et fluminum relicto. (2) nam (rarum illi caelo) siccitate et amnibus modicis inoffensum iter properaverat, imbresque et fluminum auctus regredienti metuebatur. (3) sed Chattis adeo improvisus advenit, ut quod imbecillum aetate ac sexu statim captum aut trucidatum sit. iuventus flumen Adranam nando tramiserat, Romanosque pontem coeptantis arcebant; dein tormentis sagittisque pulsi, temptatis frustra condicionibus pacis, cum quidam ad Germanicum perfugissent, reliqui omissis pagis vicisque in silvas disperguntur. (4) Caesar incenso Mattio (id genti caput) aperta populatus vertit ad Rhenum, non auso hoste

Varus zu Fall. Segestes wurde zwar durch die einmütige Erhebung des Volkes in den Krieg hineingezogen, aber er stand ihr innerlich ablehnend gegenüber. Auch wuchs sein Haß, weil Arminius seine Tochter, die mit einem anderen verlobt war, entführt hatte. Arminius war der gehaßte Schwiegersohn eines Schwiegervaters, der ihn als seinen persönlichen Feind betrachtete. Und was sonst in einem einträchtigen Verhältnis ein Band der Liebe, das war bei der gegenseitigen Erbitterung Zündstoff zum Haß.

56 (1) So übergab denn Germanicus dem Caecina vier Legionen und fünftausend Mann Hilfstruppen sowie ein in Eile ausgehobenes Aufgebot der diesseitigen Germanen. Ebenso viele Legionen und die doppelte Zahl Bundesgenossen führte er selbst an. Er legte auf den noch sichtbaren Resten des Stützpunktes seines Vaters auf dem Taunusgebirge ein Kastell an und eilte mit seinem Heer ohne den Troß in das Gebiet der Chatten, wobei er L. Apronius zur Herstellung von Wegen und Flußübergängen zurückließ. (2) Denn – eine Seltenheit in jenem Himmelsstrich – infolge der Trockenheit und des niedrigen Wasserstandes der Flüsse hatte er unbehindert in Eilmärschen vorrücken können, aber für den Rückweg befürchtete man Regengüsse und Anschwellen der Flüsse. (3) Aber für die Chatten erschien er so überraschend, daß alles Volk, das wegen des Alters und Geschlechtes nicht wehrfähig war, sofort gefangengenommen und erschlagen wurde. Die wehrfähige Mannschaft war über die Adrana[42] geschwommen und versuchte die Römer an dem Weiterbau einer Brücke zu hindern. Dann wurden sie durch den Einsatz von Schleudermaschinen und Pfeilschützen vertrieben, und nachdem sie vergebens versucht hatten, Friedensverhandlungen anzubahnen, ging eine Anzahl zu Germanicus über, während die übrigen ihre Dörfer und Gehöfte verließen und sich in die Wälder zerstreuten. (4) Der Caesar steckte Mattium, den Vorort des Volksstammes,[43]

terga abeuntium lacessere, quod illi moris, quotiens astu magis quam per formidinem cessit. (5) fuerat animus Cheruscis iuvare Chattos, sed exterruit Caecina huc illuc ferens arma; et Marsos congredi ausos prospero proelio cohibuit.

57 (1) Neque multo post legati a Segeste venerunt auxilium orantes adversus vim popularium, a quis circumsedebatur, validiore apud eos Arminio, quoniam bellum suadebat: nam barbaris, quanto quis audacia promptus, tanto magis fidus rebusque motis potior habetur. (2) addiderat Segestes legatis filium nomine Segimundum; sed iuvenis conscientia cunctabatur. quippe anno quo Germaniae descivere, sacerdos apud aram Ubiorum creatus, ruperat vittas, profugus ad rebelles. adductus tamen in spem clementiae Romanae pertulit patris mandata benigneque exceptus cum praesidio Gallicam in ripam missus est. (3) Germanico pretium fuit convertere agmen, pugnatumque in obsidentis, et ereptus Segestes magna cum propinquorum et clientium manu. (4) inerant feminae nobiles, inter quas uxor Arminii eademque filia Segestis, mariti magis quam parentis animo, neque ⟨e⟩victa in lacrimas neque voce supplex, compressis intra sinum manibus gravidum uterum intuens. (5) ferebantur et spolia Varianae cladis, plerisque

in Brand, verwüstete das flache Land und wandte sich dann zum Rhein, ohne daß es der Feind gewagt hätte, die abziehende Truppe im Rücken anzugreifen, was doch sonst seine Art ist, wenn mehr List als Furcht der Grund seines Zurückweichens gewesen ist. (5) Die Cherusker hatten die Absicht gehabt, den Chatten zu helfen. Aber Caecina schreckte sie dadurch, daß er sie bald hier, bald dort angriff. Und die Marser, die den Mut gehabt hatten, sich zum Kampf zu stellen, wies er durch ein erfolgreiches Gefecht in die Schranken.

57 (1) Bald darauf kamen Gesandte von Segestes mit der Bitte, ihm gegen die Gewalttätigkeit seiner Landsleute, von denen er belagert wurde, zu helfen. Arminius hatte bei ihnen größeren Einfluß, weil er zum Kriege riet. Denn bei den Barbaren richten sich das Vertrauen, das man einem Mann entgegenbringt, und sein Einfluß in bewegten Zeiten nach seinem Wagemut und seiner Entschlossenheit. (2) Den Gesandten hatte Segestes seinen Sohn, namens Segimundus, beigegeben. Aber der junge Mann zögerte aus Schuldbewußtsein. Denn in dem Jahre, da Germanien abfiel, hatte er, in Ara Ubiorum[44] zum Priester gewählt, seine Priesterbinden zerrissen und war zu den Meuterern geflüchtet. Doch die Hoffnung auf die römische Milde veranlaßte ihn, die Aufträge seines Vaters zu überbringen. Er fand eine freundliche Aufnahme und wurde unter Bedeckung zum gallischen Ufer geschickt. (3) Germanicus hielt es für lohnend, kehrtzumachen. Es kam zu einem Kampf mit den Belagerern, und Segestes wurde mit zahlreichen Verwandten und Klienten befreit. (4) Darunter waren vornehme Frauen, auch die Gattin des Arminius, die ja die Tochter des Segestes war und mit dem Herzen mehr auf der Seite ihres Mannes als ihres Vaters stand. Sie ließ sich keine Träne entlocken und ließ kein demütiges Wort verlauten; die Hände unter dem Bausch ihres Kleides gefaltet, schaute sie auf ihren schwangeren Leib. (5) Es kamen auch Rüstungen aus der Niederlage des Varus zum

eorum qui tum in deditionem veniebant praedae data; simul Segestes ipse, ingens visu et memoria bonae societatis impavidus.

58 (1) Verba eius in hunc modum fuere: 'non hic mihi primus erga populum Romanum fidei et constantiae dies. ex quo a divo Augusto civitate donatus sum, amicos inimicosque ex vestris utilitatibus delegi, neque odio patriae (quippe proditores etiam iis quos anteponunt invisi sunt), verum quia Romanis Germanisque idem conducere et pacem quam bellum probabam. (2) ergo raptorem filiae meae, violatorem foederis vestri Arminium apud Varum, qui tum exercitui praesidebat, reum feci. dilatus segnitia ducis, quia parum praesidii in legibus erat, ut me et Arminium et conscios vinciret flagitavi: testis illa nox, mihi utinam potius novissima! (3) quae secuta sunt, defleri magis quam defendi possunt; ceterum et inieci catenas Arminio et a factione eius iniectas perpessus sum. atque ubi primum tui copia, vetera novis et quieta turbidis antehabeo, neque ob praemium, sed ut me perfidia exsolvam, simul genti Germanorum idoneus conciliator, si paenitentiam quam perniciem maluerit. (4) pro iuventa et errore filii veniam precor; filiam necessitate huc adductam fateor. tuum

Vorschein, die den Männern, die sich jetzt ergaben, meistenteils als Beutestücke gegeben worden waren; zugleich erschien Segestes selbst, der, eine riesige Erscheinung, im Bewußtsein seiner guten Bundesgenossenschaft ganz ohne Furcht war.

58 (1) Er sprach etwa folgendermaßen: »Dies ist für mich nicht der erste Tag, an dem ich meine unverbrüchliche Treue gegenüber dem römischen Volk zeige. Seitdem ich von dem vergöttlichten Augustus mit dem Bürgerrecht beschenkt worden bin, bestimmte euer Nutzen, wen ich als Freund und wen ich als Feind auserlas, und zwar nicht aus Haß gegen mein Vaterland – die Verräter sind ja auch denen, auf deren Seite sie sich stellen, verhaßt –, sondern weil ich der Überzeugung war, daß der Vorteil der Römer auch der der Gemanen ist, und weil ich den Frieden für besser als den Krieg hielt. (2) Deshalb habe ich den Räuber meiner Tochter, der den Vertrag mit euch gebrochen hat, bei Varus, dem damaligen Befehlshaber des Heeres, angeklagt. Hingehalten durch die Saumseligkeit des Heerführers, habe ich, weil die Gesetze keinen richtigen Rückhalt boten, dringend gefordert, mich, Arminius und die in das Komplott Eingeweihten in Fesseln zu legen. Zeuge ist jene Nacht. Wäre sie doch lieber für mich die letzte gewesen! (3) Was dann folgte, kann man zwar beweinen, aber nicht rechtfertigen. Jedoch habe ich Arminius in Ketten gelegt und habe solche meinerseits von seiner Partei erdulden müssen. Doch bei der ersten Gelegenheit, mit dir in Verbindung zu treten, gebe ich das Neue gegen das Alte hin, den Geist des Aufruhrs gegen den des Friedens, aber nicht in Erwartung einer Belohnung, sondern um mich der Rolle des Treulosen zu entledigen und dafür die des geeigneten Vermittlers für das germanische Volk zu übernehmen, falls es die Reue dem Verderben vorziehen sollte. (4) Für die jugendbedingte Verirrung meines Sohnes bitte ich um Nachsicht. Daß meine Tochter mit Gewalt hierher gebracht worden ist, gestehe ich. Deine Sache wird es sein,

erit consultare, utrum praevaleat, quod ex Arminio concepit an quod ex me genita est.' (5) Caesar clementi responso liberis propinquisque eius incolumitatem, ipsi sedem vetere in provincia pollicetur. exercitum reduxit nomenque imperatoris auctore Tiberio accepit. (6) Arminii uxor virilis sexus stirpem edidit: educatus Ravennae puer quo mox ludibrio conflictatus sit, in tempore memorabo.

59 (1) Fama dediti benigneque excepti Segestis vulgata, ut quibusque bellum invitis aut cupientibus erat, spe vel dolore accipitur. Arminium super insitam violentiam rapta uxor, subiectus servitio uxoris uterus vecordem agebant, volitabatque per Cheruscos, arma in Segestem, arma in Caesarem poscens. (2) neque probris temperabat: egregium patrem, magnum imperatorem, fortem exercitum, quorum tot manus unam mulierculam avexerint. (3) sibi tres legiones, totidem legatos procubuisse; non enim se proditione neque adversus feminas gravidas, sed palam adversus armatos bellum tractare: cerni adhuc Germanorum in lucis signa Romana quae dis patriis suspenderit. (4) coleret Segestes victam ripam, redderet filio sacerdotium hominum: Germanos numquam satis excusaturos, quod inter Albim et Rhenum virgas et secures et togam viderint. (5) aliis gentibus ignorantia imperii Romani inexperta esse

zu beurteilen, was größeres Gewicht hat, daß sie ein Kind von Arminius bekommt oder daß sie meine leibliche Tochter ist.« (5) Der Caesar gab einen entgegenkommenden Bescheid, in dem er seinen Kindern und Verwandten versprach, es werde ihnen nichts geschehen, und ihm selbst einen Wohnsitz in der alten Provinz[45] zusicherte. Sein Heer führte er zurück und nahm auf Anweisung des Tiberius den Titel »Imperator« an. (6) Die Gattin des Arminius gebar einen Sproß männlichen Geschlechts. Der Knabe wuchs in Ravenna auf. Von dem Spiel, das das Schicksal später mit ihm getrieben hat, werde ich zu gegebener Zeit berichten.[46]

59 (1) Die Kunde von der Unterwerfung des Segestes und von seiner freundlichen Aufnahme wurde, je nachdem die Stimmung für oder gegen den Krieg war, mit Hoffnung oder Bedauern aufgenommen. Abgesehen von seiner angeborenen Leidenschaftlichkeit, trieb Arminius der Gedanke an den Raub seiner Gattin, an ihre Schwangerschaft, während der sie in der Sklaverei schmachtete, wie im Wahnsinn um. Er jagte in dem Cheruskerland umher und forderte Waffen gegen Segestes, Waffen gegen den Caesar. (2) Auch mit Beschimpfungen sparte er nicht. Das sei ein hervorragender Vater, ein großer Imperator, ein tapferes Heer, das mit so viel Händen ein einziges schwaches Weib fortgeschleppt habe. (3) Vor ihm seien drei Legionen und ebenso viele Legaten auf die Knie gesunken. Nicht mit Verrat, nicht gegen schwangere Frauen führe er Krieg, sondern offen gegen einen bewaffneten Feind. Immer noch sehe man in den Hainen der Germanen die römischen Feldzeichen, die er als Weihgabe für die heimischen Götter aufgehängt habe. (4) Möge Segestes das unterworfene Ufergebiet bewohnen, seinem Sohn wieder das Priesteramt verschaffen: die Germanen werden nie sich damit abfinden, daß sie zwischen Elbe und Rhein Rutenbündel, Beile und die Toga gesehen haben. (5) Andere Völkerschaften, die keine Bekanntschaft mit dem römischen Reich ge-

supplicia, nescia tributa: quae quoniam exuerint inritusque discesserit ille inter numina dicatus Augustus, ille delectus Tiberius, ne imperitum adulescentulum, ne seditiosum exercitum pavescerent. (6) si patriam parentes antiqua mallent quam dominos et colonias novas, Arminium potius gloriae ac libertatis quam Segestem flagitiosae servitutis ducem sequerentur.

60 (1) Conciti per haec non modo Cherusci, sed conterminae gentes, tractusque in partis Inguiomerus Arminii patruus, vetere apud Romanos auctoritate. unde maior Caesari metus. (2) et ne bellum mole una ingrueret, Caecinam cum quadraginta cohortibus Romanis distrahendo hosti per Bructeros ad flumen Amisiam mittit, equitem Pedo praefectus finibus Frisiorum ducit. ipse impositas navibus quattuor legiones per lacus vexit: simulque pedes eques classis apud praedictum amnem convenere. Chauci cum auxilia pollicerentur, in commilitium adsciti sunt. (3) Bructeros sua urentis expedita cum manu L. Stertinius missu Germanici fudit interque caedem et praedam repperit undevicesimae legionis aquilam cum Varo amissam. ductum inde agmen ad ultimos Bructerorum, quantumque Amisiam et Lupiam amnes inter vastatum, haud procul Teutoburgiensi saltu, in quo reliquiae Vari legionumque insepultae dicebantur.

macht haben, wissen nichts von Blutgerichten und kennen keine Steuern. Diese Lasten hätten sie ja abgeschüttelt, und jener unter die Götter versetzte Augustus, jener als sein Nachfolger auserlesene Tiberius seien unverrichteter Dinge abgezogen. Darum sollten sie auch nicht jetzt vor einem unerfahrenen, ganz jungen Mann, vor einem meuternden Heer in Angst geraten. (6) Wenn ihnen Vaterland, Eltern, die alten Verhältnisse höher stehen als Zwingherren und neue Ansiedlung, sollten sie lieber dem Arminius, dem Führer zu Ruhm und Freiheit, als dem Segestes, dem Führer zu schändlicher Knechtschaft, folgen.

60 (1) Dadurch wurden nicht nur die Cherusker, sondern auch die angrenzenden Völkerschaften aufgewiegelt und Inguiomerus, der Oheim des Arminius, der bei den Römern seit langem in Ansehen stand, zum Anschluß bewogen. So wuchs die Besorgnis des Caesar. (2) Und damit nicht die ganze Wucht des Krieges auf einmal hereinbreche, schickte er Caecina mit vierzig römischen Kohorten, um den Feind zu zersplittern, durch das Gebiet der Bructerer an den Fluß Amisia[47], während die Reiterei der Befehlshaber Pedo durch das Gebiet der Friesen[48] führte. Er selbst fuhr mit vier Legionen, die er auf Schiffe verladen hatte, über die Seen[49]. Fußvolk, Reiterei und Flotte trafen gleichzeitig an dem vorbestimmten Fluß ein. Da die Chaucen Hilfstruppen zu stellen versprachen, wurden sie in die Heeresgemeinschaft aufgenommen. (3) Die Bructerer, die selbst ihr Hab und Gut verbrannten, schlug L. Stertinius, den Germanicus mit einer leichten Heeresabteilung abgesandt hatte. Während des Mordens und Plünderns fand er den Adler der neunzehnten Legion, der unter Varus verlorengegangen war. Dann führte er sein Heer weiter bis zu der äußersten Grenze der Bructerer, und das ganze Gebiet zwischen den Flüssen Amisia und Lupia[50], nicht weit entfernt von dem Teutoburger Wald,[51] in dem, wie es hieß, die Überreste des Varus und seiner Legionen unbegraben lagen, wurde verwüstet.

61 (1) Igitur cupido Caesarem invadit solvendi suprema militibus ducique, permoto ad miserationem omni qui aderat exercitu ob propinquos, amicos, denique ob casus bellorum et sortem hominum. praemisso Caecina, ut occulta saltuum scrutaretur pontesque et aggeres umido paludum et fallacibus campis imponeret, incedunt maestos locos visuque ac memoria deformis. (2) prima Vari castra lato ambitu et dimensis principiis trium legionum manus ostentabant; dein semiruto vallo, humili fossa accisae iam reliquiae consedisse intellegebantur. medio campi albentia ossa, ut fugerant, ut restiterant, disiecta vel aggerata. (3) adiacebant fragmina telorum equorumque artus, simul truncis arborum antefixa ora. lucis propinquis barbarae arae, apud quas tribunos ac primorum ordinum centuriones mactaverant. (4) et cladis eius superstites, pugnam aut vincula elapsi, referebant hic cecidisse legatos, illic raptas aquilas; primum ubi vulnus Varo adactum, ubi infelici dextera et suo ictu mortem invenerit; quo tribunali contionatus Arminius, quot patibula captivis, quae scrobes, utque signis et aquilis per superbiam inluserit.

62 (1) Igitur Romanus qui aderat exercitus sextum post cladis annum trium legionum ossa, nullo noscente alienas

61 (1) Nun erwachte in dem Caesar das Verlangen, jenen Soldaten und ihrem Heerführer die letzte Ehre zu erweisen, wobei das ganze anwesende Heer von schmerzlichem Mitgefühl erfüllt war wegen der Verwandten und Freunde, kurz, wegen der leidvollen Kriege und des menschlichen Loses. Caecina wurde vorausgeschickt, um die entlegenen Waldgebiete zu durchforschen und über das sumpfige Gelände und den trügerischen Moorboden Brücken und Dämme zu führen. Und nun betraten sie die Unglücksstätte, gräßlich anzusehen und voll schrecklicher Erinnerungen. (2) Das erste Lager des Varus wies an seinem weiten Umfang und der Absteckung des Hauptplatzes[52] auf die Arbeit von drei Legionen hin. Dann erkannte man an dem halbeingestürzten Wall und dem niedrigen Graben, daß die schon zusammengeschmolzenen Reste sich dort gelagert hatten. Mitten in dem freien Feld lagen die bleichenden Gebeine zerstreut oder in Haufen, je nachdem die Leute geflohen waren oder Widerstand geleistet hatten. (3) Dabei lagen Bruchstücke von Waffen und Pferdegerippe, zugleich fanden sich an Baumstämmen angenagelte Köpfe. In den benachbarten Hainen standen die Altäre der Barbaren, an denen sie die Tribunen und die Centurionen der ersten Rangstufe geschlachtet hatten. (4) Die Leute, die diese Niederlage überlebt hatten und der Schlacht oder der Gefangenschaft entronnen waren, erzählten, hier seien die Legaten gefallen, dort die Adler von den Feinden erbeutet worden; sie zeigten, wo Varus die erste Wunde erhalten, wo er mit seiner unseligen Rechten sich selbst den Todesstoß beigebracht habe; wo Arminius von der Tribüne herunter eine Ansprache gehalten habe, wie viele Galgen für die Gefangenen, was für Martergruben er habe herstellen lassen, wie er die Feldzeichen und Adler übermütig verhöhnt habe.

62 (1) Und nun setzte das hier befindliche römische Heer, sechs Jahre nach der Niederlage, die Gebeine von drei Legionen bei, in trauriger Stimmung und zugleich in

reliquias an suorum humo tegeret, omnes ut coniunctos, ut consanguineos aucta in hostem ira maesti simul et infensi condebant. prium exstruendo tumulo caespitem Caesar posuit, gratissimo munere in defunctos et praesentibus doloris socius. (2) quod Tiberio haud probatum, seu cuncta Germanici in deterius trahenti, sive exercitum imagine caesorum insepultorumque tardatum ad proelia et formidolosiorem hostium credebat; neque imperatorem auguratu et vetustissimis caerimoniis praeditum adtrectare feralia debuisse.

63 (1) Sed Germanicus cedentem in avia Arminium secutus, ubi primum copia fuit, evehi equites campumque, quem hostis insederat, eripi iubet. Arminius colligi suos et propinquare silvis monitos vertit repente; mox signum prorumpendi dedit iis, quos per saltus occultaverat. (2) tunc nova acie turbatus eques, missaeque subsidiariae cohortes et fugientium agmine impulsae auxerant consternationem; trudebanturque in paludem gnaram vincentibus, iniquam nesciis, ni Caesar productas legiones instruxisset. inde hostibus terror, fiducia militi; et manibus aequis abscessum.

(3) Mox reducto ad Amisiam exercitu legiones classe, ut advexerat, reportat; pars equitum litore Oceani petere

wachsendem Zorn auf den Feind, ohne daß jemand erkannte, ob er die Überreste von Fremden oder von seinen eigenen Angehörigen in der Erde barg. Und es war, als ob sie alle zusammengehörten, als ob sie Blutsverwandte seien. Das erste Rasenstück zur Aufschichtung des Hügels legte der Caesar als willkommensten Liebesdienst für die Toten und als Zeichen seiner Anteilnahme an dem Schmerz der Anwesenden. (2) Dies fand jedoch nicht die Billigung des Tiberius, mag er nun alle Handlungen des Germanicus übel ausgelegt haben oder glaubte er, das Heer sei durch den Anblick der Erschlagenen und Unbegrabenen in seinem Kampfesmut geschwächt worden und fürchte sich nun mehr vor den Feinden. Der Oberfeldherr, der das Amt des Augurn versehe und uralte religiöse Handlungen zu verrichten habe, hätte nicht an einer Leichenbestattung teilnehmen dürfen.

63 (1) Aber Germanicus folgte dem Arminius, der sich in unwegsame Gegenden zurückzog, und befahl der Reiterei, sobald sich Gelegenheit dazu bot, vorzustürmen und dem Feind ein freies Feld, das er besetzt hatte, zu entreißen. Arminius forderte seine Leute auf, sich zusammenzuscharen und an das Waldgelände heranzurücken. Dann machte er plötzlich kehrt und gab den Abteilungen, die er überall in dem Waldgebiet versteckt hatte, das Zeichen zum Hervorbrechen. (2) Jetzt wurde durch die neue Kampffront unsere Reiterei in Verwirrung gebracht, und die herbeigeschickten Reservekohorten, auf die der Strom der Fliehenden prallte, vermehrten noch die Bestürzung. Sie wären in das Sumpfgelände, in dem sich die Siegenden auskannten, während es für die Unkundigen gefährlich war, gedrängt worden, hätte nicht der Caesar die Legionen vorgeführt und zum Kampf aufgestellt. Dies erschreckte den Feind und ermutigte die eigene Truppe. Doch ohne daß es zu einer Entscheidung kam, trennte man sich.

(3) Dann führte er das Heer an die Amisia zurück und brachte die Legionen zu Schiff, wie er sie hergeführt hatte,

Rhenum iussa; Caecina, qui suum militem ducebat, monitus, quamquam notis itineribus regrederetur, pontes longos quam maturrime superare. (4) angustus is trames vastas inter paludes et quondam a L. Domitio aggeratus; cetera limosa, tenacia gravi caeno aut rivis incerta erant; circum silvae paulatim adclives, quas tum Arminius implevit, compendiis viarum et cito agmine onustum sarcinis armisque militem cum antevenisset. (5) Caecinae dubitanti, quonam modo ruptos vetustate pontes reponeret simulque propulsaret hostem, castra metari in loco placuit, ut opus et alii proelium inciperent.

64 (1) Barbari, perfringere stationes seque inferre munitoribus nisi, lacessunt circumgrediuntur occursant: miscetur operantium bellantiumque clamor. (2) et cuncta pariter Romanis adversa: locus uligine profunda, idem ad gradum instabilis, procedentibus lubricus; corpora gravia loricis; neque librare pila inter undas poterant. contra Cheruscis sueta apud paludes proelia, procera membra, hastae ingentes ad vulnera facienda quamvis procul. (3) nox demum inclinantis iam legiones adversae pugnae exemit. Germani

wieder zurück. Einem Teil der Reiterei befahl er, entlang der Küste zum Rhein zu marschieren. Caecina, der eine eigene Heeresabteilung führte, erhielt die Weisung, obgleich die Wege, auf denen er den Rückmarsch antreten wollte, bekannt waren, so rasch wie möglich die »Langen Brücken«[53] hinter sich zu bringen. (4) Dies ist ein schmaler Fußpfad durch ausgedehntes Sumpfgelände, der einst von L. Domitius[54] als Damm aufgeführt worden war. Das übrige Gelände ist morastig, man bleibt dort im schweren Lehmboden hängen, oder Bachläufe machen es nur schwer begehbar. Ringsum stieg das Waldgelände langsam an, das Arminius jetzt dicht besetzte, nachdem er in Eilmärschen auf abgekürzten Wegen dem mit seinem Gepäck und mit Waffen belasteten römischen Heer zuvorgekommen war. (5) Caecina, der unschlüssig war, wie er die im Laufe langer Zeit zusammengebrochenen Bohlenwege wiederherstellen und zugleich den Feind abwehren solle, beschloß, an Ort und Stelle ein Lager abzustecken, damit der eine Teil mit der Befestigungsanlage beginnen, der andere den Kampf aufnehmen könne.

64 (1) Die Barbaren versuchten, die Postenkette zu durchbrechen und sich auf die Arbeitskommandos zu stürzen; sie forderten sie heraus, umzingelten sie und stürmten auf sie los. Durcheinander ertönte das Geschrei der Arbeitskommandos und der kämpfenden Truppe. (2) Und überall stellten sich die gleichen Schwierigkeiten den Römern in den Weg: das grundlose Sumpfgelände, auf dem man nicht fest auftreten konnte und beim Vorwärtsgehen ausglitt, das Gewicht der Panzer, das auf dem Körper lastete, die Unmöglichkeit, im Wasser stehend die Wurfspeere zu schwingen. Dagegen waren die Cherusker an den Kampf im Sumpfgelände gewöhnt, waren hochgewachsen, führten gewaltige Lanzen, mit denen sie auch auf größere Entfernung ihre Gegner verwunden konnten. (3) Erst die Nacht enthob die schon weichenden Legionen dem unter ungünstigen Bedingungen geführten Kampfe.

ob prospera indefessi, ne tum quidem sumpta quiete, quantum aquarum circum surgentibus iugis oritur vertere in subiecta; mersaque humo et obruto quod effectum operis duplicatus militi labor. (4) quadragesimum id stipendium Caecina parendi aut imperitandi habebat, secundarum ambiguarumque rerum sciens eoque interritus. igitur futura volvens non aliud repperit quam ut hostem silvis coerceret, donec saucii quantumque gravioris agminis anteirent; nam medio montium et paludum porrigebatur planities, quae tenuem aciem pateretur. (5) deliguntur legiones quinta dextro lateri, unetvicesima in laevum, primani ducendum ad agmen, vicensimanus adversum secuturos.

65 (1) Nox per diversa inquies, cum barbari festis epulis, laeto cantu aut truci sonore subiecta vallium ac resultantis saltus complerent, apud Romanos invalidi ignes, interruptae voces, atque ipsi passim adiacerent vallo, oberrarent tentoriis, insommes magis quam pervigiles. (2) ducemque terruit dira quies: nam Quintilium Varum sanguine oblitum et paludibus emersum cernere et audire visus est velut vocantem, non tamen obsecutus et manum intendentis reppulisse. (3) coepta luce missae in latera legiones,

Die Germanen kannten angesichts ihrer Erfolge keine Müdigkeit. Sie gönnten sich auch jetzt keine Ruhe und leiteten alle Wasserläufe, die von den Anhöhen ringsum herunterkamen, in das tieferliegende Gelände ab. Dieses wurde überschwemmt und die schon fertiggestellten Befestigungsabschnitte verschüttet, wodurch die Mannschaften doppelte Arbeit zu leisten hatten. (4) Es war das vierzigste Dienstjahr, in dem Caecina als Untergebener oder Vorgesetzter stand. Er hatte Erfahrung im Glück und Unglück gesammelt und ließ sich daher nicht in Schrecken versetzen. Und so fand er bei der Erwägung, welche weiteren Maßnahmen zu treffen seien, keinen anderen Ausweg, als den Feind aus dem Walde so lange nicht herauszulassen, bis die Verwundeten und der ganze schwere Troß einen Vorsprung gewonnen hätten. Denn in der Mitte zwischen den Bergen und den Sümpfen zog sich eine Ebene hin, die eine Aufstellung in schmaler Front ermöglichte. (5) Von den Legionen wählte er die fünfte für die rechte, die einundzwanzigste für die linke Flanke, die erste für die Spitze der Marschkolonne, die zwanzigste als rückwärtige Deckung gegen eine etwaige Verfolgung aus.

65 (1) In der Nacht kam es aus verschiedenen Ursachen zu keiner Ruhe: die Talmulden und die widerhallenden Bergwälder waren erfüllt von dem fröhlichen Gesang oder dem wilden Lärmen der Barbaren, die festliche Gelage feierten; bei den Römern glimmten nur schwache Lagerfeuer, hörte man nur abgebrochene Laute, während sie selbst zerstreut an dem Wall herumlagen, in den Zelten umherirrten, mehr weil sie nicht schlafen konnten, als weil sie wachen wollten. (2) Den Heerführer erschreckte ein gräßliches nächtliches Traumbild: er glaubte, den blutbespritzten Quintilius Varus aus dem Sumpfgelände emportauchen zu sehen und ihn gleichsam rufen zu hören, ohne ihm jedoch Folge zu leisten; vielmehr stieß er die ausgestreckte Hand zurück. (3) Bei Tagesanbruch verließen die zum Flankenschutz abgesandten Legionen aus

metu an contumacia, locum deseruere, capto propere campo umentia ultra. (4) neque tamen Arminius, quamquam libero incursu, statim prorupit: sed ut haesere caeno fossisque impedimenta, turbati circum milites, incertus signorum ordo, utque tali in tempore, sibi quisque properus et lentae adversum imperia aures, inrumpere Germanos iubet, clamitans 'en Varus [et] eodemque iterum fato vinctae legiones!' simul haec et cum delectis scindit agmen equisque maxime vulnera ingerit. (5) illi sanguine suo et lubrico paludum lapsantes excussis rectoribus disicere obvios, proterere iacentes. plurimus circa aquilas labor, quae neque ferri adversum ingruentia tela neque figi limosa humo poterant. (6) Caecina dum sustentat aciem, suffosso equo delapsus circumveniebatur, ni prima legio sese opposuisset. iuvit hostium aviditas, omissa caede praedam sectantium; enisaeque legiones vesperascente die in aperta et solida. (7) neque is miseriarum finis: struendum vallum, petendus agger, amissa magna ex parte per quae ⟨e⟩geritur humus aut exciditur caespes; non tentoria manipulis, non fomenta sauciis: infectos caeno aut cruore cibos dividentes

Furcht oder Widersetzlichkeit ihre Stellung und besetzten eilig das freie Feld jenseits des Sumpfgeländes. (4) Aber Arminius brach nicht sofort hervor, obgleich seinem Angriff nichts im Wege gestanden hätte. Als aber der Troß im Schlamm und in den Gräben steckenblieb, überall bei den Soldaten Verwirrung um sich griff, die einzelnen Abteilungen nicht mehr geschlossen blieben und, wie es in einer solchen Lage zu gehen pflegt, jeder nur darauf bedacht war, rasch davonzukommen, und sich taub gegen Befehle stellte, da gab Arminius den Germanen den Befehl zum Angriff mit dem Ruf: »Seht da! Varus und die wiederum dem gleichen Verhängnis verfallenen Legionen!« Mit diesen Worten durchbrach er mit einer auserlesenen Truppe die Marschkolonne, wobei er hauptsächlich den Pferden Wunden beibrachte. (5) Diese glitten in ihrem eigenen Blute und auf dem schlüpfrigen Sumpfboden aus, warfen die Reiter ab, trieben die Leute vor ihnen auseinander und zerstampften die am Boden liegenden. Der Kampf tobte hauptsächlich um die Adler, die weder gegen den Geschoßhagel vorwärtsgetragen noch in dem schlammigen Boden festgemacht werden konnten. (6) Während Caecina versuchte, den Kampf zum Stehen zu bringen, wurde sein Pferd unter ihm durchstochen. Er stürzte herab und wäre umzingelt worden, wenn nicht die erste Legion sich dem Feind entgegengeworfen hätte. Dabei kam die Habgier der Feinde zustatten, die von dem Morden abließen und sich auf das Beutemachen verlegten. So konnten sich die Legionen, als es Abend wurde, in offenes Gelände und auf festen Boden herausarbeiten. (7) Doch damit war die Not noch nicht zu Ende: es mußte ein Wall errichtet und Dammerde herbeigeschafft werden. Die Geräte für das Ausheben der Erde oder Ausstechen des Rasens waren größtenteils verlorengegangen, die Manipel hatten keine Zelte, für die Verwundeten gab es keine Verbandstoffe, die Nahrungsmittel, die man verteilte, waren durch Schmutz oder Blut verunreinigt, und die Sol-

funestas tenebras et tot hominum milibus unum iam reliquum diem lamentabantur.

66 (1) Forte equus abruptis vinculis vagus et clamore territus quosdam occurrentium obturbavit. tanta inde consternatio inrupisse Germanos credentium, ut cuncti ruerent ad portas, quarum decumana maxime petebatur, aversa hosti et fugientibus tutior. (2) Caecina comperto vanam esse formidinem, cum tamen neque auctoritate neque precibus, ne manu quidem obsistere aut retinere militem quiret, proiectus in limine portae miseratione demum, quia per corpus legati eundum erat, clausit viam. simul tribuni et centuriones falsum pavorem esse docuerunt.

67 (1) Tunc contractos in principia iussosque dicta cum silentio accipere temporis ac necessitatis monet. unam in armis salutem, sed ea consilio temperanda manendumque intra vallum, donec expugnandi hostes spe propius succederent; mox undique erumpendum: illa eruptione ad Rhenum perveniri. (2) quod si fugerent, pluris silvas, profundas magis paludes, saevitiam hostium superesse; at victoribus decus gloriam. quae domi cara, quae in castris honesta, memorat; reticuit de adversis. (3) equos dehinc, orsus a suis, legatorum tribunorumque nulla ambitione

daten jammerten über die Grabesnacht und daß so viele tausend Menschen nur noch einen einzigen Tag zu leben hätten.

66 (1) Zufällig riß sich ein Pferd von seinen Fesseln los, rannte, durch das Geschrei scheu geworden, umher und warf einige Leute um, die ihm in den Weg kamen. Man glaubte an einen Überfall der Germanen, und so kam es zu einer solchen Panik, daß alles zu den Toren stürzte, und zwar hauptsächlich zu dem rückwärts gelegenen Tor, das, vom Feinde abgelegen, den Fliehenden größere Sicherheit bot. (2) Als Caecina feststellte, daß kein Grund zur Angst vorliege, er selbst jedoch weder durch sein Ansehen noch durch Bitten, ja nicht einmal durch tätliches Eingreifen dagegen etwas ausrichten oder die Mannschaften zurückhalten konnte, warf er sich auf die Schwelle des Tores. Erst indem er Mitleid erweckte, sperrte er den Weg, da man über den Körper des Legaten hätte gehen müssen. Zugleich klärten die Tribunen und Centurionen die Leute darüber auf, daß es blinder Alarm sei.

67 (1) Dann ließ er sie alle auf dem Hauptplatz antreten, forderte sie auf, seine Worte still anzuhören, und legte ihnen dar, was in der augenblicklichen Lage unbedingt erforderlich sei. Allein von den Waffen hätten sie Rettung zu erhoffen, jedoch müßten sie diese mit vorsichtiger Überlegung gebrauchen. Man solle innerhalb des Walles bleiben, bis die Feinde in der Hoffnung, ihn zu erstürmen, näher heranrückten. Dann müsse man auf allen Seiten einen Ausfall machen, wodurch man sich bis zum Rhein durchschlagen könne. (2) Wenn sie fliehen, harren ihrer noch mehr Wälder, noch grundlosere Sümpfe und die Grausamkeit der Feinde. Aber wenn sie siegen, werden ihnen Ehre und Ruhm zuteil. Auch auf ihre Lieben in der Heimat und auf ihre Soldatenehre wies er sie hin. Von der schwierigen Lage schwieg er. (3) Dann übergab er die Pferde, zuerst seine eigenen, dann die der Legaten und Tribunen ohne Ansehen der Person den tapfersten Kämp-

fortissimo cuique bellatori tradit, ut hi, mox pedes in hostem invaderent.

68 (1) Haud minus inquies Germanus spe, cupidine et diversis ducum sen⟨ten⟩tiis agebat, Arminio sinerent egredi egressosque rursum per umida et impedita circumvenirent suadente, atrociora Inguiomero et laeta barbaris, ut vallum armis ambirent: promptam expugnationem; plures captivos, incorruptam praedam fore. (2) igitur orta die proruunt fossas, iniciunt crates, summa valli prensant, raro super milite et quasi ob metum defixo. (3) postquam haesere munimentis, datur cohortibus signum cornuaque ac tubae concinuere. exin clamore et impetu tergis Germanorum circumfunduntur, exprobrantes non hic silvas nec paludes, sed aequis locis aequos deos. (4) hosti facile excidium et paucos ac semermos cogitanti sonus tubarum, fulgor armorum, quanto inopina, tanto maiora offunduntur, cadebantque, ut rebus secundis avidi, ita adversis incauti. (5) Arminius integer, Inguiomerus post grave vulnus pugnam deseruere; vulgus trucidatum est, donec ira et dies permansit. nocte demum reversae legiones, quamvis plus vulnerum, eadem ciborum egestas fatigaret, vim sanitatem copias, cuncta in victoria habuere.

fern, damit zuerst diese zu Pferd und nach ihnen die Mannschaften zu Fuß auf den Feind losstürmten.

68 (1) Nicht geringere Unruhe herrschte bei den Germanen. Zuversicht und Kampflust erfüllten sie, während ihre Führer uneins waren. Arminius riet, die Feinde abziehen zu lassen und sie dann wieder in dem sumpfigen, unwegsamen Gelände zu umzingeln, während Inguiomerus für ein energischeres Vorgehen, das bei den Barbaren freudigen Anklang fand, eintrat und den Wall umzingeln und erstürmen wollte. Dies werde keine Mühe machen. Die Zahl der Gefangenen werde größer und die Beute unbeschädigt sein. (2) Deshalb schütteten sie bei Tagesanbruch die Gräben zu, warfen Flechtwerk hinein und kletterten auf die Wallhöhe, auf der sich nur vereinzelte Leute zeigten, die vor Angst wie gelähmt waren. (3) Als sie nun an den Befestigungen hingen,[55] wurde den Kohorten unter dem Schmettern der Hörner und Trompeten das Zeichen zum Angriff gegeben. Mit Geschrei stürmten sie los und faßten die Germanen im Rücken, ihnen höhnisch zurufend: »Hier gibt es nicht Wälder noch Sümpfe; beiden Parteien bietet das Gelände, bieten die Götter die gleichen Möglichkeiten, sich zu bewähren!« (4) Der Feind, der dachte, die Vernichtung der Römer werde keine Mühe machen, auch handle es sich nur um wenige halbbewaffnete Leute, wurde von dem Schmettern der Trompeten, dem Blitzen der Waffen, je weniger sie darauf gefaßt waren, um so stärker betroffen. Und wie sie in günstiger Lage kampfbegierig losstürmten, so fielen sie jetzt in ungünstiger ohne alle Vorsicht. (5) Arminius verließ unversehrt, Inguiomerus schwer verwundet das Kampffeld. Das Blutbad unter den Mannschaften hielt an, bis die Wut gestillt und der Tag zu Ende war. Erst bei Nacht kehrten die Legionen zurück. Zwar hatten sie noch mehr Verwundete als zuvor und litten unter dem gleichen Mangel an Lebensmitteln, doch der errungene Sieg ersetzte ihnen alles: Kraft, Gesundheit, Vorräte.

69 (1) Pervaserat interim circumventi exercitus fama et infesto Germanorum agmine Gallias peti, ac ni Agrippina impositum Rheno pontem solvi prohibuisset, erant qui id flagitium formidine auderent. sed femina ingens animi munia ducis per eos dies induit militibusque, ut quis inops aut saucius, vestem et fomenta dilargita est. (2) tradit C. Plinius, Germanicorum bellorum scriptor, stetisse aput principium po⟨n⟩ti⟨s⟩, laudes et grates reversis legionibus habentem. (3) id Tiberii animum altius penetravit: non enim simplices eas curas, nec adversus externos militum ⟨mentes⟩ quaeri. (4) nihil relictum imperatoribus, ubi femina manipulos intervisat, signa adeat, largitionem temptet, tamquam parum ambitiose filium ducis gregali habitu circumferat Caesaremque Caligulam appellari velit. potiorem iam apud exercitus Agrippinam quam legatos, quam duces; compressam a muliere seditionem, cui nomen principis obsistere non quiverit. (5) accendebat haec onerabatque Seianus, peritia morum Tiberii odia in longum iaciens, quae reconderet auctaque promeret.

70 (1) At Germanicus legionum, quas navibus vexerat, secundam et quartam decimam itinere terrestri P. Vitellio ducendas tradit, quo levior classis vadoso mari innaret vel reciproco sideret. (2) Vitellius primum iter sicca humo aut

69 (1) Inzwischen hatte sich das Gerücht verbreitet, das Heer sei aufgerieben und die Germanen zögen zum Angriff auf Gallien heran. Und hätte nicht Agrippina den Abbruch der Rheinbrücke verhindert, hätten sich Leute gefunden, die zu diesem frevelhaften Tun aus Angst bereit waren. Aber die willensstarke Frau übernahm in diesen Tagen die Aufgaben des Heerführers und verteilte an alle bedürftigen Soldaten Kleidungsstücke und Verbandmittel. (2) C. Plinius, der Geschichtsschreiber der Germanenkriege,[56] überliefert, sie habe vorn an der Brücke gestanden und Lob und Dank den zurückgekehrten Legionen gesagt. (3) Dies versetzte Tiberius in tiefe Unruhe. Solche Formen der Fürsorge seien nicht harmlos, und es seien nicht die auswärtigen Feinde, gegen die sich die Bemühungen um die Sympathie der Soldaten richten. (4) Nichts mehr haben die Oberbefehlshaber zu tun und zu sagen, wenn eine Frau die Manipel mustere, sich zu den Feldzeichen stelle, es mit Schenkungen versuche, als ob es nicht genug des Buhlens um Gunst wäre, wenn sie den Sohn des Heerführers in Soldatentracht umhertrage und ihn Caesar Caligula genannt wissen wolle. Schon gelte Agrippina bei den Heeren mehr als die Legaten, als die Heerführer. Eine Frau habe eine Meuterei erstickt, der der Name des Princeps nicht habe Einhalt gebieten können. (5) Seianus schürte das Feuer und verschärfte die Lage. Er kannte den Charakter des Tiberius und säte den Haß, auf lange Zeit berechnet, aus. Tiberius sollte den Haß in seinem Herzen bewahren, um ihn dann vervielfacht hervorbrechen zu lassen.

70 (1) Aber Germanicus übergab von den Legionen, die er zu Schiff herbeigeführt hatte, die zweite und vierzehnte dem P. Vitellius mit dem Befehl, sie auf dem Landweg weiterzuführen, damit die Flotte mit geringerer Belastung auf dem seichten Meere weiterfahre oder auch bei Ebbe nicht so sehr festsitze. (2) Zuerst marschierte Vitellius ungestört auf trockenem Boden oder bei nur niederem

modice adlabente aestu quietum habuit; mox impulso aquilonis, simul sidere aequinoctii, quo maxime tumescit Oceanus, rapi agique agmen. et opplebantur terrae: eadem freto litori campis facies, neque discerni poterant incerta ab solidis, brevia a profundis. (3) sternuntur fluctibus, hauriuntur gurgitibus; iumenta, sarcinae, corpora exanima interfluunt occursant. permiscentur inter se manipuli, modo pectore, modo ore tenus extantes, aliquando subtracto solo disiecti aut obruti. non vox et mutui hortatus iuvabant adversante unda; nihil strenuus ab ignavo, sapiens ab ⟨im⟩prudenti, consilia a casu differre: cuncta pari violentia involvebantur. (4) tandem Vitellius in editiora enisus eodem agmen subduxit. pernoctavere sine utensilibus, sine igni, magna pars nudo aut mulcato corpore, haud minus miserabiles quam quos hostis circumsidet: quippe illic etiam honestae mortis usus, his inglorium exitium. (5) lux reddidit terram, penetratumque ad amnem [Visurgin], quo Caesar classe contenderat. impositae dein legiones, vagante fama submersas; nec fides salutis ante quam Caesarem exercitumque reducem videre.

71 (1) Iam Stertinius, ad accipiendum in deditionem Segimerum fratrem Segestis praemissus, ipsum et filium eius

Wasserstand zur Flutzeit. Dann aber wurde mit dem Aufkommen eines starken Nordwindes – es war die Zeit der Tagundnachtgleiche, wo der Ozean sehr stark anschwillt – die Marschkolonne mit fortgerissen. Das Land wurde überflutet. Meer, Strand und Niederungen boten das gleiche Bild; unsicheren und festen Boden, seichte und tiefe Stellen konnte man nicht mehr unterscheiden. (3) Die Leute wurden von den Fluten umgeworfen, von den Strudeln verschlungen: Zugtiere, Gepäck, Leichen schwammen umher, trieben ihnen entgegen. Die Manipel kamen durcheinander, da sie bald bis zur Brust, bald bis zum Mund im Wasser standen, bisweilen auch den Boden unter den Füßen verloren und auseinander gerieten oder untergingen. Kein Zuruf, kein gegenseitiger Zuspruch half gegen die anstürmende Wasserflut. Es machte keinen Unterschied, ob einer mutig oder feig, besonnen oder unbesonnen war, ob er überlegte oder sich dem Zufall überließ, alles wurde mit gleicher Gewalt fortgerissen. (4) Endlich arbeitete sich Vitellius auf ein höher gelegenes Gelände hinauf, auf das er die Kolonne führte. Dort übernachteten sie ohne Lebensmittel, ohne Feuer, zum großen Teil ohne Kleidung oder mit zerschundenem Körper, in einem nicht minder bejammernswerten Zustand, als wenn sie vom Feind eingeschlossen wären. Denn in diesem Fall besteht wenigstens die Möglichkeit, ehrenvoll zu sterben, während hier nur ein unrühmlicher Untergang bevorstand. (5) Bei Tagesanbruch sah man wieder die Erde, und der Marsch ging weiter bis zum Visurgis,[57] wohin Germanicus mit der Flotte gefahren war. Dann wurden die Legionen eingeschifft, während sich das Gerücht verbreitete, sie seien ertrunken. Und nicht eher glaubte man an ihre Rettung, als man den Caesar mit seinem Heer zurückgekehrt sah.

71 (1) Schon hatte Stertinius, der vorausgeschickt war, um die Unterwerfung des Segimerus, des Bruders des Segestes, entgegenzunehmen, diesen selbst und seinen Sohn

in civitatem Ubiorum perduxerat. data utrique venia, facile Segimero, cunctantius filio, quia Quintilii Vari corpus inlusisse dicebatur. (2) ceterum ad supplenda exercitus damna certavere Galliae Hispaniae Italia, quod cuique promptum, arma equos aurum offerentes. quorum laudato studio Germanicus, armis modo et equis ad bellum sumptis, propria pecunia militem iuvit. (3) utque cladis memoriam etiam comitate leniret, circumire saucios, facta singulorum extollere; vulnera intuens alium spe, alium gloria, cunctos adloquio et cura sibique et proelio firmabat.

15 *Ab excessu divi Augusti* II,7

(1) Sed Caesar, dum adiguntur naves, Silium legatum cum expedita manu inruptionem in Chat⟨t⟩os facere iubet; ipse, audito castellum Lupiae flumini adpositum obsideri, sex legiones eo duxit. (2) neque Silio ob subitos imbres aliud actum quam ut modicam praedam et Arpi principis Chat⟨t⟩orum coniugem filiamque raperet, neque Caesari copiam pugnae obsessores fecere, ad famam adventus eius dilapsi. tumulum tamen nuper Varianis legionibus structum et veterem aram Druso sitam disiecerant. (3) restituit aram honorique patris princeps ipse cum legionibus decucurrit; tumulum iterare haud visum, et cuncta inter castel-

in die Stadt der Ubier verbracht. Beiden wurde Verzeihung gewährt, ohne weiteres Segimerus, zögernder seinem Sohn, weil es hieß, er habe den Leichnam des Quintilius Varus verhöhnt. (2) Übrigens boten Gallien, Spanien, Italien, um die Verluste des Heeres zu ergänzen, um die Wette das Kriegsmaterial an, über das jedes Land verfügte: Waffen, Pferde, Gold. Germanicus lobte ihren Eifer, nahm jedoch nur Waffen und Pferde für die Kriegführung an und half den Soldaten mit seinem eigenen Gelde. (3) Und um die Erinnerung an das Unglück auch durch Leutseligkeit zu mildern, besuchte er die Verwundeten, rühmte die Taten jedes einzelnen, sah sich die Wunden an und stärkte bei den einen durch die Aussicht auf Beförderung, bei den andern durch die Erwähnung ihres rühmlichen Verhaltens, bei allen miteinander durch seinen Zuspruch und seine Fürsorge das Vertrauen zu seiner Person und den Mut für den weiteren Kampf.

15 *Annalen* II,7

7 (1) Aber während die Schiffe herangeführt wurden, befahl Germanicus dem Legaten Silius, mit einer leicht beweglichen Truppe in das Land der Chatten einzufallen. Er selbst führte auf die Nachricht, das an dem Flusse Lupia angelegte Kastell werde belagert, sechs Legionen dorthin. (2) Doch konnte Silius wegen plötzlicher Regenfälle nichts weiter ausrichten. Er konnte nur unbedeutende Beute und die Gattin des Chattenfürsten Arpus mit ihrer Tochter entführen. Und auch dem Caesar gaben die Belagerer keine Gelegenheit zu einem Kampfe. Sie verschwanden bei der Kunde von seinem Erscheinen. Jedoch hatten sie den erst kürzlich für die Legionen des Varus errichteten Grabhügel und einen früher für Drusus gebauten Altar zerstört. (3) Diesen stellte der Princeps wieder her und veranstaltete selbst an der Spitze der Legionen einen Vorbeimarsch. Den Hügel zu erneuern hielt er nicht für ange-

lum Alisonem ac Rhenum novis limitibus aggeribusque permunita.

16 *Ab excessu divi Augusti* II,26,2–5

(2) Sed crebris epistulis Tiberius monebat, rediret ad decretum triumphum: satis iam eventuum, satis casuum. prospera illi et magna proelia: eorum quoque meminisset, quae venti et fluctus, nulla ducis culpa, gravia tamen et saeva damna, intulissent. (3) se novies a divo Augusto in Germaniam missum plura consilio quam vi perfecisse. sic Sugambros in deditionem acceptos, sic Suebos regemque Maroboduum pace obstrictum. posse et Cheruscos ceterasque rebellium gentis, quoniam Romanae ultioni consultum es⟨se⟩t, internis discordiis relinqui. (4) precante Germanico annum efficiendis coeptis, acrius modestiam eius adgreditur alterum consulatum offerendo, cuius munia praesens obiret. simul adnectebat, si foret adhuc bellandum, relinqueret materiem Drusi fratris gloriae, qui nullo tum alio hoste non nisi apud Germanias adsequi nomen imperatorium et deportare lauream posset. haud cunctatus est ultra Germanicus, quamquam fingi ea seque per invidiam parto iam decori abstrahi intellegeret.

bracht. Das ganze Gebiet zwischen dem Kastell Aliso[58] und dem Rhein wurde mit neuen Grenzwegen und Dämmen befestigt.

16 *Annalen* II,26,2–5

(2) Aber Tiberius mahnte Germanicus in wiederholten Briefen, er solle zur Feier des bewilligten Triumphes zurückkehren: es sei genug der Erfolge, genug der Mißerfolge. Germanicus könne auf erfolgreiche und große Kämpfe zurückblicken. Er möge auch an all die schweren Verluste denken, die Stürme und Fluten verursacht hätten, für die zwar den Führer keine Schuld treffe, die aber doch schwer und schrecklich seien. (3) Er selbst sei neunmal von dem vergöttlichten Augustus nach Germanien geschickt worden[59] und habe dort mehr durch kluges als durch gewaltsames Vorgehen erreicht. So hätten sich die Sugambrer unterworfen, so habe man die Sueben und den König Maroboduus[60] durch einen Frieden verpflichtet. Auch könne man die Cherusker und die übrigen aufrührerischen Völkerschaften, da man ja der Rache Roms genuggetan habe, ihren inneren Zwistigkeiten überlassen. (4) Als Germanicus um ein weiteres Jahr bat, um seine Unternehmungen zu Ende zu führen, appellierte er noch nachdrücklicher an seine Loyalität, indem er ihm ein zweites Konsulat anbot, das er persönlich in Rom antreten solle.[61] Daran knüpfte er die Bemerkung, wenn man weiterhin Krieg führen müsse, so solle er die Gelegenheit, Ruhm zu erwerben, seinem Bruder Drusus zubilligen, der, da es jetzt außer in Germanien keinen Feind mehr gebe, nur dort den Imperatortitel erlangen und den Lorbeer[62] sich holen könne. (5) Germanicus zögerte nun nicht weiter, obgleich er merkte, daß dies alles nur vorgetäuscht sei und ihm aus Neid der bereits errungene Ruhm entrissen werde.

17 *Ab excessu divi Augusti* II,88

88 (1) Reperio apud scriptores senatoresque eorundem temporum Adgandestrii principis Chattorum lectas in senatu litteras, quibus mortem Arminii promittebat, si patrandae neci venenum mitteretur, responsumque esse non fraude neque occultis, sed palam et armatum populum Romanum hostes suos ulcisci. qua gloria aequabat se Tiberius priscis imperatoribus, qui venenum in Pyrrum regem vetuerant prodiderantque. (2) ceterum Arminius, abscedentibus Romanis et pulso Maroboduo regnum adfectans, libertatem popularium adversam habuit, petitusque armis cum varia fortuna certaret, dolo propinquorum cecidit: liberator hau⟨d⟩ dubie Germaniae et qui non primordia populi Romani, sicut alii reges ducesque, sed florentissimum imperium lacessierit, proeliis ambiguus, bello non victus. (3) septem et triginta annos vitae, duodecim potentiae explevit, caniturque adhuc barbaras apud gentes, Graecorum annalibus ignotus, qui sua tantum mirantur, Romanis haud perinde celebris, dum vetera extollimus recentium incuriosi.

17 *Annalen* II,88

88 (1) Ich finde bei den Schriftstellern senatorischen Ranges dieser Zeit, daß in dem Senat ein Brief des Chattenfürsten Adgandestrius verlesen wurde, in dem er den Tod des Arminius versprach, wenn ihm zur Durchführung des Mordes Gift geschickt werde. Doch sei ihm der Bescheid erteilt worden, nicht hinterlistig und nicht heimlich, sondern offen und mit den Waffen in der Hand räche sich das römische Volk an seinen Feinden. Mit diesem rühmlichen Verhalten stellte sich Tiberius den Feldherrn alter Zeiten zur Seite, die die Verwendung von Gift gegen Pyrrhus abgelehnt und ihn von dem beabsichtigten Anschlag in Kenntnis gesetzt hatten. (2) Indessen stieß Arminius bei dem Abzug der Römer und nach der Vertreibung von Maroboduus in seinem Streben nach dem Thron auf den Widerstand seiner freiheitsliebenden Landsleute. Es kam zu einer bewaffneten Auseinandersetzung, bei der er mit wechselndem Glück kämpfte und durch die Hinterlist seiner Verwandten fiel. Unstreitig war er der Befreier Germaniens, der das römische Volk nicht am Anfang seiner Geschichte, wie andere Könige und Heerführer, sondern das in höchster Blüte stehende Reich herausgefordert hat, in den einzelnen Schlachten nicht immer erfolgreich, im Kriege unbesiegt. (3) Er wurde 37 Jahre alt, zwölf Jahre hatte er die Macht in Händen, und noch immer besingt man ihn bei den barbarischen Völkern. Die griechische Geschichtsschreibung, die nur die eigenen Taten bewundert, kennt ihn nicht, und bei den Römern spielt er nicht die ihm gebührende Rolle, da wir die alte Geschichte rühmend hervorheben und der neuen gleichgültig gegenüberstehen.

Sueton

Die 122 n. Chr. von Sueton veröffentlichten zwölf Biographien römischer Herrscher von Caesar bis Domitian folgen in ihrem Aufbau einem ähnlichen Schema: Herkunft, Familie, Geburt, Kindheit, Jugend, öffentliches und privates Leben, religiöses Verhalten, Vorzeichen, Lebensende. Zum Teil chronologisch, zum Teil nach Sachbereichen gegliedert, heben die Viten besonders die Tugenden (virtutes) *und Laster* (vitia) *der Caesaren hervor. In der zweiten und längsten Vita widmet sich Sueton dem Leben des Augustus.*

Sueton hatte als Kanzleichef unter Hadrian Zugang zu verschiedenen Quellen. Neben Senatsprotokollen und Annalen aus der Zeit des Tiberius, kaiserlichen Reden und Briefen zieht er auch Anekdoten und Gerüchte für seine Darstellung heran. Trotz seines Bemühens, die tatsächlichen Geschehnisse darzustellen, zeigt er wenig Interesse an den Hintergründen der historischen Ereignisse. Um die Neugier seiner Leser zu befriedigen, scheut er sich nicht,

18 *Divus Augustus* 23

23 (1) Graves ignominias cladesque duas omnino nec alibi quam in Germania accepit, Lollianam et Varianam, sed Lollianam maioris infamiae quam detrimenti, Varianam paene exitiabilem tribus legionibus cum duce legatisque et auxiliis omnibus caesis. hac nuntiata excubias per urbem indixit, ne quis tumultus existeret, et praesidibus provinciarum propagavit imperium, ut a peritis et assuetis

auch kleine persönliche Details, die andere Historiker der Zeit unerwähnt lassen, anzugeben, versäumt aber im Gegenzug gelegentlich, die Bedeutung wichtiger Ereignisse herauszuarbeiten.

Über das Leben Suetons selbst ist leider äußerst wenig bekannt. Wahrscheinlich in Hippo Regius (Bône bzw. Annaba in Algerien) geboren, entstammte er dem Ritterstand. Er lebte in Rom und wurde 121 mit einer Hofintrige in Zusammenhang gebracht, die ihn bei Hadrian in Ungnade hat fallen lassen. Über sein weiteres Leben ist nichts bekannt.

Von Sueton erfahren wir Einzelheiten über die Reaktion des Augustus auf die Nachricht vom Verlust der drei Legionen, die unter Varus' Befehl standen, sowie von den Sicherheitsmaßnahmen, die er zur Abwehr von Unruhen in der Bevölkerung – man fühlte sich an die Germaneneinfälle der Kimbern und Teutonen 113 und 101 v. Chr. erinnert – in Rom ergriff.

18 *Augustus* 23

23 (1) Schwere, schimpfliche Niederlagen hat er überhaupt nur zwei erlitten, und zwar nirgendwo sonst als in Germanien: die des Lollius und die des Varus. Bei der Niederlage des Lollius war die Schmach größer als der Schaden, die Niederlage des Varus hätte beinahe zum Untergang des Reichs geführt, da drei Legionen mit dem Feldherrn, den Legaten und allen Hilfstruppen gänzlich geschlagen wurden. Auf die Meldung von dieser Niederlage hin ließ er überall in der Stadt Wachen aufstellen, damit keine Unruhe entstehe, und verlängerte den Provinzstatthaltern den Oberbefehl, damit die Bundesgenossen von erfahrenen und ihnen bekannten Männern in Schranken

socii continerentur. (2) vovit et magnos ludos Iovi Optimo Maximo, si res p. in meliorem statum vertisset: quod factum Cimbrico Marsicoque bello erat. adeo denique consternatum ferunt, ut per continuos menses barba capilloque summisso caput interdum foribus illideret vociferans: 'Quintili Vare, legiones redde!' diemque cladis quotannis maestum habuerit ac lugubrem.

Cassius Dio

Der aus Nikaia in Bithynien (İznik in der Türkei) stammende Claudius Cassius Dio Cocceianus durchlief die römische Ämterlaufbahn, trat unter Kaiser Commodus (reg. 180–192) in den Senat ein und war unter Septimius Severus (reg. 196–211) Konsul. Den Winter 214/215 verbrachte er mit Kaiser Caracalla im Orient, wurde 217/218 Curator von Pergamon und Smyrna und war einige Jahre später unter Severus Alexander (reg. 222–235) Statthalter der Provinz Africa.

Cassius Dios Hauptwerk, die Römische Geschichte, *ist ein 80 Bücher umfassender Versuch einer Gesamtgeschichte des Römischen Reiches. Dio schrieb und recherchierte nach eigener Aussage 22 Jahre an dem Werk, das von der mythischen Gründung Roms durch Aeneas bis zum zweiten Konsulat des Verfassers im Jahre 229 reicht. Erhalten sind die Bücher 36–60 (68 v. Chr. – 47 n. Chr.) und Teile von 78 und 79, die die Jahre 216–218 behandeln. Die ver-*

gehalten würden. (2) Er gelobte dem Iupiter Optimus Maximus auch große Spiele, wenn der Staat wieder in einen besseren Zustand gekommen wäre: dies war bereits im Krieg gegen die Kimbern und Marser geschehen. Schließlich soll er so verzweifelt gewesen sein, daß er mehrere Monate lang seinen Bart und seine Haare hat wachsen lassen und zuweilen den Kopf gegen die Tür schlug, wobei er ausrief: »Quintilius Varus, gib mir meine Legionen wieder!« Und den Tag der Niederlage soll er alljährlich traurig und niedergeschlagen verbracht haben.

lorenen Passagen sind jedoch aus Zusammenfassungen zweier byzantinischer Gelehrter des 11. und 12. Jahrhunderts, Ioannes Xiphilinos und Ioannes Zonaras, zu rekonstruieren.

Die Römische Geschichte *ist in annalistischer Form angelegt und in Dekaden gegliedert, jedoch von sachlichen Abschnitten unterbrochen, die die Chronologie aufheben. Keineswegs einem historisch-sachlichen Stilideal gehorchend, zeigt Cassius Dio sich von seinen Quellen vielfach beeinflusst und scheut als überzeugter Anhänger der Monarchie nicht davor zurück, seine eigenen Anschauungen einzuflechten. Die Quellen, die er benutzte, sind umstritten. Auch in Beziehung auf die Varusschlacht, die im 56. Buch dargestellt wird, ist es unklar, ob er die Darstellung der Germanenkriege von Plinius d. Ä. oder die Archive des Senats herangezogen hat.*

19 *Historia Romana* 56,18,1–24,6

18 (1) ἄρτι τε ταῦτα ἐδέδοκτο, καὶ ἀγγελία δεινὴ ἐκ τῆς Γερμανίας ἐλθοῦσα ἐκώλυσέ σφας διεορτάσαι. ἐν γὰρ τῷ αὐτῷ ἐκείνῳ χρόνῳ καὶ ἐν τῇ Κελτικῇ τάδε συνηνέχθη. εἶχόν τινα οἱ Ῥωμαῖοι αὐτῆς, οὐκ ἀθρόα ἀλλ' ὥς που καὶ ἔτυχε χειρωθέντα, διὸ οὐδὲ ἐς ἱστορίας μνήμην ἀφίκετο· (2) καὶ στρατιῶταί τε αὐτῶν ἐκεῖ ἐχείμαζον καὶ πόλεις συνῳκίζοντο, ἔς τε τὸν κόσμον σφῶν οἱ βάρβαροι μετερρυθμίζοντο καὶ ἀγορὰς ἐνόμιζον συνόδους τε εἰρηνικὰς ἐποιοῦντο. οὐ μέντοι καὶ τῶν πατρίων ἠθῶν τῶν τε συμφύτων τρόπων καὶ τῆς αὐτονόμου διαίτης τῆς τε ἐκ τῶν ὅπλων ἐξουσίας ἐκλελησμένοι ἦσαν. (3) καὶ διὰ τοῦτο, τέως μὲν κατὰ βραχὺ καὶ ὁδῷ τινι μετὰ φυλακῆς μετεμάνθανον αὐτά, οὔτε ἐβαρύνοντο τῇ τοῦ βίου μεταβολῇ καὶ ἐλάνθανόν σφας ἀλλοιούμενοι· ἐπεὶ δ' ὁ Οὐᾶρος ὁ Κυιντίλιος τήν τε ἡγεμονίαν τῆς Γερμανίας λαβὼν καὶ τὰ παρ' ἐκείνοις ἐκ τῆς ἀρχῆς διοικῶν ἔσπευσεν αὐτοὺς ἀθροώτερον μεταστῆσαι, καὶ τά τε ἄλλα ὡς καὶ δουλεύουσί σφισιν ἐπέταττε καὶ χρήματα ὡς καὶ παρ' ὑπηκόων ἐσέπρασσεν, (4) οὐκ ἠνέσχοντο, ἀλλ' οἵ τε πρῶτοι τῆς πρόσθεν δυναστείας ἐφιέμενοι, καὶ τὰ πλήθη τὴν συνήθη κατάστασιν πρὸ τῆς ἀλλοφύλου δεσποτείας προτιμῶντες, ἐκ μὲν τοῦ φανεροῦ οὐκ ἀπέστησαν, πολλοὺς μὲν πρὸς τῷ Ῥήνῳ πολλοὺς δὲ καὶ ἐν τῇ σφετέρᾳ τῶν Ῥωμαίων ὁρῶντες ὄντας, (5) δεξάμενοι δὲ τὸν Οὐᾶρον ὡς καὶ πάντα τὰ προστασσόμενά σφισι ποιή-

19 *Römische Geschichte* 56,18,1–24,6

18 (1) Die Beschlüsse waren kaum gefaßt, als aus Germanien eine Schreckenskunde eintraf und sie von den geplanten Festlichkeiten abhielt. In eben jener Zeit hatten sich nämlich in Germanien folgende Ereignisse abgespielt: Die Römer hatten gewisse Teile davon in Besitz, nicht zusammenhängende Gebiete, sondern nur solche Bezirke, wie sie gerade unterworfen worden waren, weshalb dann auch hievon keine Erwähnung geschah. (2) Und römische Soldaten lagen dort in Winterquartieren, und man begann eben mit der Anlage von Städten. Die Barbaren selbst paßten sich den neuen Sitten an, gewöhnten sich an die Abhaltung von Märkten und trafen sich zu friedlichen Zusammenkünften. Doch hatten sie noch nicht ihre alten Gewohnheiten, ihre angeborenen Sitten, ihr früheres ungebundenes Leben und die Macht vergessen, wie sie vom Waffenbesitz kommt. (3) Daher fühlten sie sich, solange sie diese Sitten nur allmählich und sozusagen nebenher unter genauer Überwachung verlernten, weder durch den Wandel in ihrer Lebensart gestört, noch merkten sie, wie sie andere wurden. Als jedoch Quintilius Varus Statthalter der Provinz Germanien wurde und in Wahrnehmung seines Amtes sich auch mit den Angelegenheiten dieser Volksstämme befaßte, da drängte er darauf, die Menschen rascher umzustellen, und erteilte ihnen nicht nur Befehle, als wenn sie tatsächlich römische Sklaven wären, sondern trieb sogar von ihnen wie von Unterworfenen Steuern ein. (4) Eine derartige Behandlung aber wollten sie sich nicht gefallen lassen, die Fürsten verlangten vielmehr nach ihrer früheren Machtstellung, die Massen aber gaben der gewohnten Ordnung den Vorzug vor der Fremdherrschaft. Sie empörten sich indes nicht in aller Offenheit, da sie sahen, daß viele römische Truppen am Rhein, viele aber auch in ihrem eigenen Lande standen. (5) Statt dessen nahmen sie Varus bei sich auf, taten so, als wollten sie alle ih-

σοντες προήγαγον αὐτὸν πόρρω ἀπὸ τοῦ Ῥήνου ἔς τε τὴν Χερουσκίδα καὶ πρὸς τὸν Οὐίσουργον, κἀνταῦθα εἰρηνικώτατά τε καὶ φιλικώτατα διαγαγόντες πίστιν αὐτῷ παρέσχον ὡς καὶ ἄνευ στρατιωτῶν δουλεύειν δυνάμενοι.

19 (1) οὔτ' οὖν τὰ στρατεύματα, ὥσπερ εἰκὸς ἦν ἐν πολεμίᾳ, συνεῖχε, καὶ ἀπ' αὐτῶν συχνοὺς αἰτοῦσι τοῖς ἀδυνάτοις ὡς καὶ ἐπὶ φυλακῇ χωρίων τινῶν ἢ καὶ λῃστῶν συλλήψεσι παραπομπαῖς τέ τισι τῶν ἐπιτηδείων διέδωκεν. (2) ἦσαν δὲ οἱ μάλιστα συνομόσαντες καὶ ἀρχηγοὶ τῆς τε ἐπιβουλῆς καὶ τοῦ πολέμου γενόμενοι ἄλλοι τε καὶ Ἀρμήνιος καὶ Σηγίμερος, συνόντες τε αὐτῷ ἀεὶ καὶ συνεστιώμενοι πολλάκις. (3) θαρσοῦντος οὖν αὐτοῦ, καὶ μήτε τι δεινὸν προσδεχομένου, καὶ πᾶσι τοῖς τό τε γιγνόμενον ὑποτοποῦσι καὶ φυλάττεσθαί οἱ παραινοῦσιν οὐχ ὅπως ἀπιστοῦντος ἀλλὰ καὶ ἐπιτιμῶντος ὡς μάτην αὐτοῖς τε ταραττομένοις καὶ ἐκείνους διαβάλλουσιν, ἐπανίστανταί τινες πρῶτοι τῶν ἄπωθεν αὐτοῦ οἰκούντων ἐκ παρασκευῆς, (4) ὅπως ἐπ' αὐτοὺς ὁ Οὐᾶρος ὁρμήσας εὐαλωτότερός σφισιν ἐν τῇ πορείᾳ, ὡς καὶ διὰ φιλίας διιών, γένηται, μηδὲ ἐξαίφνης πάντων ἅμα πολεμωθέντων αὐτῷ φυλακήν τινα ἑαυτοῦ ποιήσηται. καὶ ἔσχεν οὕτως· προέπεμψάν τε γὰρ αὐτὸν ἐξορμῶντα, καὶ παρέμενοι ὡς καὶ τὰ συμμαχικὰ παρασκευάσοντες καὶ διὰ ταχέων οἱ προσβοηθήσοντες τάς τε δυνάμεις ἐν ἑτοίμῳ που οὔσας

nen erteilten Befehle ausführen, und lockten ihn auf diese Weise weit vom Rhein weg, ins Cheruskerland und bis an die Weser. Dort zeigten sie sich höchst friedlich und freundschaftlich und erweckten damit in ihm den Glauben, sie könnten auch ohne die Anwesenheit von Soldaten ein unterwürfiges Leben führen.

19 (1) Varus behielt daher seine Legionen, wie es in einem Feindesland richtig gewesen wäre, nicht beisammen, sondern verteilte viele seiner Soldaten an schwache Gemeinwesen, die ihn darum baten, angeblich zu dem Zweck, entweder verschiedene Punkte zu bewachen oder Räuber festzunehmen oder gewisse Lebensmitteltransporte zu geleiten. (2) Hauptverschwörer und Anführer bei dem Anschlag wie bei dem Krieg waren neben anderen Arminius und Segimerus, Varus' dauernde Begleiter und wiederholt auch Tischgenossen. (3) So fühlte sich der römische Feldherr sicher und rechnete mit nichts Schlimmem; all denen aber, welche die Vorgänge argwöhnisch verfolgten und ihn zur Vorsicht mahnten, schenkte er keinen Glauben, ja machte ihnen sogar noch Vorwürfe, als seien sie ohne Grund beunruhigt und wollten seine Freunde nur verleumden. Dann kam es zu einer ersten Aufstandsbewegung, und zwar bei den Völkerschaften, die von ihm entfernt wohnten, ein wohlüberlegter Plan: (4) Varus sollte gegen diese Unruhestifter zu Felde ziehen und auf dem Marsch durch angeblich befreundetes Gebiet mit geringerer Mühe überwältigt werden, anstatt daß er sich, wie bei einem allgemeinen, plötzlichen Ausbruch von Feindseligkeiten gegen ihn zu erwarten war, besonders in acht nahm. Und so kam es denn auch: Zuerst gaben ihm die Verschworenen beim Ausmarsch das Geleite, dann beurlaubten sie sich, um angeblich die verbündeten Kontingente zu sammeln und ihm damit rasch zur Hilfe zu kommen, übernahmen aber nur die Führung ihrer schon bereitstehenden Truppen (5) und griffen, nachdem man allerorts die dort befindlichen, zuvor erbetenen Gar-

παρέλαβον, (5) καὶ ἀποκτείναντες τοὺς παρὰ σφίσιν ἕκαστοι στρατιώτας, οὓς πρότερον ᾐτήκεσαν, ἐπῆλθον αὐτῷ ἐν ὕλαις ἤδη δυσεκβάτοις ὄντι. κἀνταῦθα ἅμα τε ἀνεφάνησαν πολέμιοι ἀνθ' ὑπηκόων ὄντες, καὶ πολλὰ καὶ δεινὰ εἰργάσαντο.

20 (1) Τά τε γὰρ ὄρη καὶ φαραγγώδη καὶ ἀνώμαλα καὶ τὰ δένδρα καὶ πυκνὰ καὶ ὑπερμήκη ἦν, ὥστε τοὺς Ῥωμαίους, καὶ πρὶν τοὺς πολεμίους σφίσι προσπεσεῖν, ἐκεῖνά τε τέμνοντας καὶ ὁδοποιοῦντας γεφυροῦντάς τε τὰ τούτου δεόμενα πονηθῆναι. (2) ἦγον δὲ καὶ ἁμάξας πολλὰς καὶ νωτοφόρα πολλὰ ὡς ἐν εἰρήνῃ· παῖδές τε οὐκ ὀλίγοι καὶ γυναῖκες ἥ τε ἄλλη θεραπεία συχνὴ αὐτοῖς συνείπετο, ὥστε καὶ κατὰ τοῦτ' ἐσκεδασμένῃ τῇ ὁδοιπορίᾳ χρῆσθαι. (3) κἂν τούτῳ καὶ ὑετὸς καὶ ἄνεμος πολὺς ἐπιγενόμενοι ἔτι καὶ μᾶλλόν σφας διέσπειραν· τό τε ἔδαφος ὀλισθηρὸν περί τε ταῖς ῥίζαις καὶ περὶ τοῖς στελέχεσι γενόμενον σφαλερώτατα αὐτοὺς βαδίζειν ἐποίει, καὶ τὰ ἄκρα τῶν δένδρων καταθραυόμενα καὶ καταπίπτοντα διετάρασσεν. (4) ἐν τοιαύτῃ οὖν δή τινι ἀμηχανίᾳ τότε τῶν Ῥωμαίων ὄντων, οἱ βάρβαροι πανταχόθεν ἅμα αὐτοὺς ἐξαπιναίως δι' αὐτῶν τῶν λοχμωδεστάτων, ἅτε καὶ ἔμπειροι τῶν τριμμῶν ὄντες, περιεστοιχίσαντο, καὶ τὸ μὲν πρῶτον πόρρωθεν ἔβαλλον, ἔπειτα δέ, ὡς ἠμύνετο μὲν οὐδεὶς ἐτιτρώσκοντο δὲ πολλοί, ὁμόσε αὐτοῖς ἐχώρησαν· (5) οἷα γὰρ οὔτε ἐν τάξει τινὶ ἀλλὰ ἀναμὶξ ταῖς τε ἁμάξαις καὶ τοῖς ἀόπλοις πορευόμενοι, οὔτε συστραφῆναί πῃ ῥᾳδίως δυνάμενοι, ἐλάττους τε καθ' ἑκάστους τῶν ἀεὶ προσμιγνύντων σφίσιν ὄντες, ἔπασχον μὲν πολλά, ἀντέδρων δὲ οὐδέν.

21 (1) Αὐτοῦ τε οὖν ἐστρατοπεδεύσαντο, χωρίου τινὸς ἐπιτηδείου, ὥς γε ἐν ὄρει ὑλώδει ἐνεδέχετο, λαβόμενοι,

nisonen niedergemacht hatte, den Feldherrn selber an, der sich bereits inmitten undurchdringlicher Wälder befand. Dort aber offenbarten sich im gleichen Augenblick die Germanen statt als Untertanen – als Feinde und richteten viele schreckliche Verheerungen an.

20 (1) Die Berge, ohne Ebenen, waren nämlich von Schluchten durchzogen, außerdem standen Baumriesen dicht nebeneinander, so daß die Römer bereits vor dem feindlichen Überfall mit dem Fällen der Bäume, der Anlage von Wegen und der Überbrückung von Geländeabschnitten, wo solches nötig war, Mühe genug hatten. (2) Wie mitten im Frieden führten sie viele Wagen und auch Lasttiere mit sich; dazu begleiteten sie zahlreiche Kinder und Frauen und noch ein stattlicher Sklaventroß, die sie ebenfalls zu einer gelockerten Marschform zwangen. (3) Inzwischen kam auch ein starker Regen und Sturm auf, was die Marschierenden weiterhin voneinander trennte, und der Boden, um die Wurzeln und Stämme her schlüpfrig geworden, machte jeden Schritt höchst unsicher; Bruch und Sturz der Baumwipfel sorgten für weitere Verwirrung. (4) Mit solchen Schwierigkeiten hatten damals die Römer zu ringen, als die Barbaren, wegekundig wie sie waren, gerade durch die ärgsten Dickichte drangen und sie plötzlich gleichzeitig von allen Seiten her umzingelten. Zuerst schossen sie nur aus der Ferne, dann aber, als niemand sich wehrte und viele verwundet wurden, rückten sie näher an die Gegner heran. (5) Die Römer marschierten ja in keiner festen Ordnung, sondern im Durcheinander mit Wagen und Unbewaffneten; sie konnten sich auch nirgendwo leicht zu einer Gruppe zusammenschließen, und da sie überall den jeweiligen Angreifern zahlenmäßig unterlegen waren, hatten sie selbst schwer zu leiden, ohne etwas dagegen ausrichten zu können.

21 (1) Aus diesem Grunde schlugen sie an Ort und Stelle ein Lager, nachdem sie, soweit dies auf einem bewalde-

καὶ μετὰ τοῦτο τάς τε πλείους ἁμάξας καὶ τἆλλα τὰ μὴ πάνυ σφίσιν ἀναγκαῖα τὰ μὲν κατακαύσαντες τὰ δὲ καὶ καταλιπόντες, συντεταγμένοι μέν πῃ μᾶλλον τῇ ὑστεραίᾳ ἐπορεύθησαν, ὥστε καὶ ἐς ψιλόν τι χωρίον προχωρῆσαι, οὐ μέντοι καὶ ἀναιμωτὶ ἀπήλλαξαν. (2) ἐντεῦθεν δὲ ἄραντες ἔς τε ὕλας αὖθις ἐσέπεσον, καὶ ἠμύνοντο μὲν πρὸς τοὺς προσπίπτοντάς σφισιν, οὐκ ἐλάχιστα δὲ δὴ κατ' αὐτὸ τοῦτο ἔπταιον· συστρεφόμενοι γὰρ ἐν στενοχωρίᾳ, ὅπως ἀθρόοι ἱππῆς τε ὁμοῦ καὶ ὁπλῖται ἐπιτρέχωσιν αὐτοῖς, πολλὰ μὲν περὶ ἀλλήλοις πολλὰ δὲ καὶ περὶ τοῖς δένδροις ἐσφάλλοντο. (3) τετάρτη τε ἡμέρα πορευομένοις σφίσιν ἐγένετο, καὶ αὐτοῖς ὑετός τε αὖθις λάβρος καὶ ἄνεμος μέγας προσπεσὼν οὔτε ποι προϊέναι οὔθ' ἵστασθαι παγίως ἐπέτρεπεν, ἀλλὰ καὶ τὴν χρῆσίν σφας τῶν ὅπλων ἀφείλετο· οὔτε γὰρ τοῖς τοξεύμασιν οὔτε τοῖς ἀκοντίοις, ἢ ταῖς γε ἀσπίσιν ἅτε καὶ διαβρόχοις οὔσαις, καλῶς χρῆσθαι ἐδύναντο. (4) τοῖς γὰρ πολεμίοις, ψιλοῖς τε τὸ πλεῖστον οὖσι καὶ τὴν ἐξουσίαν καὶ τῆς ἐφόδου καὶ τῆς ἀναχωρήσεως ἀδεᾶ ἔχουσιν, ἧττόν που ταῦτα συνέβαινε. πρὸς δ' ἔτι αὐτοί τε πολὺ πλείους γεγονότες (καὶ γὰρ τῶν ἄλλων τῶν πρότερον περισκοπούντων συχνοὶ ἄλλως τε καὶ ἐπὶ τῇ λείᾳ συνῆλθον) καὶ ἐκείνους ἐλάττους ἤδη ὄντας (πολλοὶ γὰρ ἐν ταῖς πρὶν μάχαις ἀπωλώλεσαν) καὶ ἐκυκλοῦντο ῥᾷον καὶ κατεφόνευον, ὥστε καὶ τὸν Οὐᾶρον καὶ τοὺς ἄλλους τοὺς λογιμωτάτους, φοβηθέντας μὴ ἤτοι ζωγρηθῶσιν ἢ καὶ πρὸς τῶν ἐχθίστων ἀποθάνωσι (καὶ γὰρ τετρωμένοι ἦσαν), ἔργον δεινὸν μὲν ἀναγκαῖον δὲ τολμῆσαι· αὐτοὶ γὰρ ἑαυτοὺς ἀπέκτειναν.

22 (1) Ὡς δὲ τοῦτο διηγγέλθη, οὐδὲ τῶν ἄλλων οὐδεὶς ἔτι, εἰ καὶ ἔρρωτό τις, ἠμύνατο, ἀλλ' οἱ μὲν τὸν ἄρχοντά

ten Berge möglich war, einen passenden Platz gefunden hatten. Hierauf verbrannten sie die meisten Wagen und was ihnen sonst nicht dringend nötig schien, oder ließen sie zurück. Anderntags ging der Marsch in etwas besserer Ordnung weiter, und sie erreichten, freilich nicht ohne blutige Verluste, sogar freies Gelände. (2) Von dort aus gerieten sie aber wieder in Wälder, und hier mußten sie sich gegen die Angreifer wehren, wobei sie aber gerade die schwersten Verluste erlitten. Denn auf engen Raum zusammengepreßt, damit Schulter an Schulter Reiter und Fußvolk den Feinden entgegenstürmen könnten, stießen sie vielfach aufeinander oder gegen die Bäume. (3) Als der vierte Tag graute, befanden sie sich immer noch auf dem Marsche, und erneut überfielen sie heftiger Regen und starker Wind, die sie weder weitergehen noch festen Stand finden, ja nicht einmal mehr die Waffen gebrauchen ließen. Sie konnten sich nämlich nicht mehr mit Erfolg ihrer Bogen und Speere oder der ganz und gar durchnäßten Schilde bedienen. (4) Die Feinde hingegen, größtenteils nur leicht gerüstet und imstande, ungefährdet anzugreifen und sich zurückzuziehen, hatten weniger unter den Unbilden zu leiden. Außerdem hatte sich ihre Zahl stark vermehrt, da viele von den anderen, welche zunächst nur abgewartet hatten, sich ihnen jetzt – vor allem in Hoffnung auf Beute – anschlossen. Bei den Römern dagegen war in den vorausgehenden Gefechten schon eine Menge gefallen und ihre Reihen waren gelichtet. (5) So konnten die Barbaren ihre Gegner leichter umzingeln und niedermachen. Varus und die übrigen hohen Offiziere erfaßte darüber Angst, sie möchten entweder lebendig in Gefangenschaft geraten oder von ihren grimmigsten Feinden getötet werden – sie waren ja schon alle verwundet –, und das ließ sie eine zwar schreckliche, aber notwendige Tat wagen: Sie begingen Selbstmord.

22 (1) Als sich die Kunde davon verbreitete, leistete vom Rest der Leute, selbst wenn er noch bei Kräften war,

σφων ἐμιμήσαντο, οἱ δὲ καὶ τὰ ὅπλα παρέντες ἐπέτρεπόν σφας τῷ βουλομένῳ φονεύειν· φυγεῖν γὰρ οὐδ᾽ εἰ τὰ μάλιστά τις ἤθελεν ἐδύνατο. (2) ἐκόπτετό τε οὖν ἀδεῶς πᾶς καὶ ἀνὴρ καὶ ἵππος, καὶ τά τε …

Zonaras 10,37 (p. 452,12–29 Dind.)

(2a) καὶ τὰ ἐρύματα πάντα κατέσχον οἱ βάρβαροι ἄτερ ἑνός, περὶ ὃ ἀσχοληθέντες οὔτε τὸν Ῥῆνον διέβησαν οὔτ᾽ ἐς τὴν Γαλατίαν εἰσέβαλον. ἀλλ᾽ οὐδ᾽ ἐκεῖνο χειρώσασθαι ἠδυνήθησαν, ἐπεὶ μήτε πολιορκεῖν ἠπίσταντο καὶ τοξόταις οἱ Ῥωμαῖοι συχνοῖς ἐχρῶντο, ἐξ ὧν καὶ ἀνεκόπτοντο καὶ πλεῖστοι ἀπώλλυντο.

(2b) μετὰ δὲ τοῦτο πυθόμενοι φυλακὴν τοῦ Ῥήνου τοὺς Ῥωμαίους ποιήσασθαι καὶ τὸν Τιβέριον σὺν βαρεῖ προσελαύνειν στρατεύματι, οἱ μὲν πολλοὶ ἀπανέστησαν τοῦ ἐρύματος, οἱ δ᾽ ὑπολειφθέντες ἀποστάντες αὐτοῦ, ὥστε μὴ αἰφνιδίοις ἐπεξελεύσεσι τῶν ἐντὸς κακοῦσθαι, τὰς ὁδοὺς ἐτήρουν, σπάνει σιτίων αἱρήσειν ἠλπικότες αὐτούς. οἱ δ᾽ ἐντὸς ὄντες Ῥωμαῖοι ἕως μὲν εὐπόρουν τροφῆς, κατὰ χώραν ἔμενον βοήθειαν προσδεχόμενοι· ὡς δ᾽ οὔτε τις ἐπεκούρει αὐτοῖς καὶ λιμῷ συνείχοντο, ἐξῆλθον νύκτα τηρήσαντες χειμέριον (ἦσαν δὲ στρατιῶται μὲν ὀλίγοι, ἄοπλοι δὲ πολλοί), καὶ

auch nicht einer mehr Widerstand, vielmehr ahmten die einen das Beispiel ihres Feldherrn nach, während die anderen selbst ihre Waffen wegwarfen und sich vom nächstbesten, der da wollte, niedermachen ließen; denn Flucht war unmöglich, wie sehr sie einer auch ergreifen wollte. (2) Und so wurde jeder Mann und jedes Pferd, ohne daß man Gegenwehr fürchten mußte, niedergehauen und die ... [Lücke].

Zonaras 10,37 (p. 452,12–29 Dind.)

(2a) Die Barbaren aber nahmen sämtliche Befestigungen in Besitz, mit Ausnahme einer einzigen, mit der sie sich so lange aufhielten, daß sie darüber weder den Rhein überschritten noch in Gallien einbrachen. Indes konnten sie die Festung doch nicht erobern, da sie sich auf die Belagerungskunst nicht verstanden, die Römer aber über zahlreiche Bogenschützen verfügten, mit deren Hilfe die Feinde wiederholt zurückgeschlagen wurden und sehr schwere Verluste erlitten.

(2b) Späterhin erfuhren die Germanen, daß die Römer eine Sicherungstruppe am Rhein aufgestellt hätten und Tiberius mit einem mächtigen Heere im Anmarsch sei. Der Großteil der Barbaren zog infolgedessen vom Kastell ab, und selbst der Rest, der zurückgeblieben war, ging auf größeren Abstand, um nicht durch plötzliche Ausfälle der Besatzung Schaden zu nehmen, und beschränkte sich auf die Bewachung der Wege, dies in der Hoffnung, die Gegner durch Aushungern bezwingen zu können. Solange die Römer in der Festung über genügend Lebensmittel verfügten, blieben sie an Ort und Stelle und warteten auf Hilfe. Als aber der Entsatz ausblieb und Hunger sie quälte, warteten sie eine stürmische Nacht ab und stahlen sich davon. Nur wenige von ihnen waren Soldaten, viele trugen überhaupt keine Waffen.

(2) τὸ μὲν πρῶτον τό τε δεύτερόν σφων φυλακτήριον παρῆλθον, ἐπεὶ δὲ πρὸς τῷ τρίτῳ ἐγένοντο, ἐφωράθησαν, τῶν τε γυναικῶν καὶ τῶν παίδων συνεχῶς τοὺς ἐν τῇ ἡλικίᾳ διά τε τὸν κάματον καὶ διὰ τὸν φόβον τό τε σκότος καὶ τὸ ψῦχος ἀνακαλούντων. (3) κἂν πάντες ἀπώλοντο ἢ καὶ ἑάλωσαν, εἰ μὴ οἱ βάρβαροι περὶ τὴν τῆς λείας ἁρπαγὴν ἄσχολοι ἐγένοντο. οὕτω γὰρ οἵ τε ἐρρωμενέστατοι πολὺ ἀπέσπασαν, καὶ οἱ σαλπικταὶ οἱ σὺν αὐτοῖς ὄντες τροχαῖόν τι συμβοήσαντες δόξαν τοῖς ἐναντίοις ὡς καὶ παρὰ τοῦ Ἀσπρήνου πεπεμμένοι παρέσχον. (4) κἀκ τούτου ἐκεῖνοί τε ἐπέσχον τῆς διώξεως, καὶ ὁ Ἀσπρήνας μαθὼν τὸ γιγνόμενον ὄντως σφίσιν ἐπεκούρησε. καί τινες μετὰ τοῦτο καὶ τῶν ἑαλωκότων ἀνεκομίσθησαν, λυτρωθέντες ὑπὸ τῶν οἰκείων· ἐπετράπη γάρ σφισι τοῦτο ποιῆσαι ἐφ᾽ ᾧ τε ἔξω τῆς Ἰταλίας αὐτοὺς εἶναι.

23 (1) Τοῦτο μὲν ὕστερον ἐγένετο· τότε δὲ μαθὼν ὁ Αὔγουστος τὰ τῷ Οὐάρῳ συμβεβηκότα τήν τε ἐσθῆτα, ὥς τινές φασι, περιερρήξατο, καὶ πένθος μέγα ἐπί τε τοῖς ἀπολωλόσι καὶ ἐπὶ τῷ περί τε τῶν Γερμανιῶν καὶ περὶ τῶν Γαλατιῶν δέει ἐποιήσατο, τό τε μέγιστον ὅτι καὶ ἐπὶ τὴν Ἰταλίαν τήν τε Ῥώμην αὐτὴν ὁρμήσειν σφᾶς προσεδόκησε, καὶ οὔτε πολιτική οἱ ἡλικία ἀξιόλογος ὑπελέλειπτο, καὶ τὰ συμμαχικά, ὧν τι καὶ ὄφελος ἦν, ἐκεκάκωτο. (2) ὅμως δ᾽ οὖν τά τε ἄλλα ὡς ἐκ τῶν παρόντων παρεσκευάσατο, καὶ ἐπειδὴ μηδεὶς τῶν τὴν στρατεύσιμον ἡλικίαν ἐχόντων καταλεχθῆναι ἠθέλησεν, ἐκλήρωσεν αὐτούς, καὶ τῶν μὲν μηδέπω πέντε καὶ τριάκοντα ἔτη γεγονότων τὸν πέμπτον, τῶν δὲ πρεσβυτέρων τὸν

(2) Und es glückte ihnen, an der ersten und zweiten feindlichen Wache ungesehen vorbeizukommen, als sie aber zur dritten kamen, entdeckte man sie; denn aus Erschöpfung und Angst wie auch wegen der Finsternis und Kälte riefen die Frauen und Kinder andauernd nach den waffenfähigen Männern, sie möchten doch zurückkommen. (3) Und alle hätten den Tod gefunden oder wären in Gefangenschaft geraten, wenn sich nicht die Barbaren mit der Plünderung der Beute aufgehalten hätten. Das gab den kräftigsten Männern die Gelegenheit, sich weit abzusetzen, und indem die bei ihnen befindlichen Trompeter das Signal zum Eilmarsch bliesen, ließen sie bei den Feinden den Eindruck entstehen, als seien sie von Asprenas abgeschickt. (4) Infolgedessen stellten jene die Verfolgung ein, und Asprenas konnte, nachdem er von dem Vorfall Nachricht erhalten hatte, den Leuten tatsächlich Hilfe leisten. Auch wurden danach einige Gefangene von den Angehörigen losgekauft und kehrten so in die Freiheit zurück; denn dazu erhielten sie die Erlaubnis, freilich unter der Bedingung, daß sich die betreffenden Personen außerhalb Italiens aufhalten sollten.

23 (1) Doch dies spielte erst später. Damals aber, als Augustus von dem Unglück des Varus unterrichtet wurde, zerriß er, wie einige behaupten, seine Kleider und fühlte tiefe Trauer, nicht nur wegen der gefallenen Soldaten, sondern auch aus Furcht für die germanischen und gallischen Provinzen, besonders aber deshalb, weil er mit einem feindlichen Angriff auf Italien und Rom selbst rechnete. Bürger wehrfähigen Alters waren ja in kaum nennenswerter Zahl mehr übrig, und außerdem hatten die verbündeten Streitkräfte, soweit sie einigermaßen brauchbar waren, schwer gelitten. (2) Gleichwohl traf er angesichts der augenblicklichen Lage die entsprechenden Vorbereitungen, und da kein Mann im wehrdienstfähigen Alter zum Militär eingezogen werden wollte, ließ er die betreffenden Personen das Los ziehen und nahm von den Ausgelosten unter 35 Jahren je-

δέκατον ἀεὶ λαχόντα τήν τε οὐσίαν ἀφείλετο καὶ ἠτίμωσε. (3) καὶ τέλος, ὡς καὶ πάνυ πολλοὶ οὐδ᾽ οὕτω τι αὐτοῦ προετίμων, ἀπέκτεινέ τινας. ἀποκληρώσας δὲ ἔκ τε τῶν ἐστρατευμένων ἤδη καὶ ἐκ τῶν ἐξελευθέρων ὅσους ἠδυνήθη, κατέλεξε, καὶ εὐθὺς σπουδῇ μετὰ τοῦ Τιβερίου ἐς τὴν Γερμανίαν ἔπεμψεν. (4) ἐπειδή τε συχνοὶ ἐν τῇ Ῥώμῃ καὶ Γαλάται καὶ Κελτοί, οἱ μὲν ἄλλως ἐπιδημοῦντες οἱ δὲ καὶ ἐν τῷ δορυφορικῷ στρατευόμενοι, ἦσαν, ἐφοβήθη μή τι νεοχμώσωσι, καὶ τούτους μὲν ἐς νήσους τινὰς ἀπέστειλε, τοῖς δ᾽ ἀόπλοις ἐκχωρῆσαι τῆς πόλεως προσέταξε.

24 (1) Τότε μὲν ταῦτ᾽ ἔπραξε, καὶ οὔτ᾽ ἄλλο τι τῶν νομιζομένων ἐγένετο οὔθ᾽ αἱ πανηγύρεις ἑωρτάσθησαν· μετὰ δὲ τοῦτο ἀκούσας ὅτι τῶν τε στρατιωτῶν τινες ἐσώθησαν καὶ αἱ Γερμανίαι ἐφρουρήθησαν, (2) τό τε πολέμιον οὐδὲ ἐπὶ τὸν Ῥῆνον ἐλθεῖν ἐτόλμησε, τῆς τε ταραχῆς ἀπηλλάγη καὶ διαγνώμην ἐποιήσατο. τό τε γὰρ πάθος οὐκ ἄνευ δαιμονίου τινὸς ὀργῆς καὶ μέγα οὕτω καὶ ἀθρόον ἐδόκει οἱ γεγονέναι· καὶ προσέτι καὶ ὑπὸ τῶν τεράτων τῶν πρό τε τῆς ἥττης καὶ μετὰ ταῦτα συμβάντων δεινὴν ὑποψίαν ἐς τὸ θεῖον ἔσχεν. (3) ὅ τε γὰρ τοῦ Ἄρεως ναὸς ὁ ἐν τῷ πεδίῳ αὐτοῦ ὢν ἐκεραυνώθη, καὶ ἀττέλεβοι πολλοὶ ἐς αὐτὸ τὸ ἄστυ πετόμενοι ὑπὸ χελιδόνων ἀνηλώθησαν, αἵ τε κορυφαὶ τῶν Ἄλπεων συμπεπτωκέναι τε ἐς ἀλλήλας καὶ κίονας τρεῖς πυροειδεῖς ἀνεικέναι ἔδοξαν, καὶ ὁ οὐρανὸς φλεγομένῳ πολλαχῇ ἐῴκει, (4) ἀστέρες τε κομῆται συχνοὶ ἅμα κατεφαίνοντο, καὶ δόρατα ἀπ᾽ ἄρκτου φερόμενα πρὸς τὰ τῶν Ῥωμαίων στρατόπεδα προσπίπτειν ἐδόκει, μέλισσαί τε περὶ τοὺς

dem fünften, von den Älteren jedem zehnten sein Vermögen, dazu die bürgerlichen Ehrenrechte. (3) Schließich, als auch dann noch eine gar große Zahl seine Anordnungen mißachtete, ließ er sogar einige hinrichten. Möglichst viele Leute loste er aus dem Kreis der Veteranen und Freigelassenen, setzte sie in die Stammrolle und schickte sie sogleich in aller Eile mit Tiberius zusammen nach Germanien. (4) Und da sich in Rom zahlreiche Gallier und Germanen aufhielten, die einen als Soldaten in der Praetorianergarde, die anderen aus sonst einem Grunde, fürchtete der Kaiser eine Empörung von ihrer Seite und verschickte daher die ersteren auf bestimmte Inseln, während er die Unbewaffneten zum Verlassen der Stadt nötigte.

24 (1) Auf diese Weise ging Augustus damals vor, und keines der herkömmlichen Geschäfte nahm seinen Fortgang, und auch die Festlichkeiten unterblieben. Später, als er vernahm, daß einige Soldaten gerettet und die beiden Germanien militärisch gesichert seien, außerdem daß der Feind nicht einmal bis zum Rheine vorzudringen gewagt habe, fühlte er sich nicht mehr beunruhigt und legte der Sache auch weiterhin keine besondere Bedeutung mehr bei. (2) Denn das Unglück, so groß und überraschend es war, schien ihm allein auf den Zorn einer Gottheit zurückzugehen; außerdem mußte er angesichts der Vorzeichen, die vor wie nach der Niederlage eintraten, sehr stark ein überirdisches Eingreifen vermuten. (3) Wurde doch der Tempel des Mars, auf dem gleichnamigen Feld gelegen, vom Blitz getroffen, dazu flogen Heuschrecken massenhaft unmittelbar in die Stadt und wurden von Schwalben verzehrt; die Alpengipfel schienen aufeinanderzustürzen und drei Feuersäulen emporzusenden; vielerorts machte der Himmel den Eindruck, als stehe er in Flammen, (4) und gleichzeitig erschienen zahlreiche Kometen; man glaubte auch zu beobachten, wie von Norden her Speere heranflogen und auf die römischen Feldlager niederfuhren, während Bienen ihre Honigwaben an deren

βωμοὺς αὐτῶν κηρία ἀνέπλασσον, καὶ Νίκης τι ἄγαλμα ἔν τε τῇ Γερμανίᾳ ὂν καὶ πρὸς τὴν πολεμίαν βλέπον πρὸς τὴν Ἰταλίαν μετεστράφη· (5) καί ποτε καὶ περὶ τοὺς ἀετοὺς τοὺς ἐν τοῖς στρατοπέδοις, ὡς καὶ τῶν βαρβάρων ἐπ᾿ αὐτοὺς ἐσπεπτωκότων, μάχη καὶ ἀγωνισμὸς τῶν στρατιωτῶν διὰ κενῆς ἐγένετο.

τούτων τε οὖν ἕνεκα καὶ ὅτι καὶ …

Zonaras 10,37 (p. 453,7–10 Dind.)

(6) Ὁ δὲ Τιβέριος διαβῆναι τὸν Ῥῆνον οὐκ ἔκρινεν, ἀλλ᾿ ἠτρέμιζεν ἐπιτηρῶν μὴ οἱ βάρβαροι τοῦτο ποιήσωσιν. ἀλλ᾿ οὐδ᾿ ἐκεῖνοι διαβῆναι ἐτόλμησαν γνόντες αὐτὸν παρόντα.

Orosius

Der christliche Autor Paulus Orosius stammt aus Bracara (Braga in Portugal). Er ging 414 in die Provinz Africa, trat mit dem in Hippo Regius (Bône bzw. Annaba in Algerien) wohnenden Augustinus in Kontakt und machte kurze Zeit später in dessen Auftrag eine Reise zu Hieronymus in Bethlehem. In den Jahren 416–417/418 verfasste Orosius sein Hauptwerk Historiae adversum paganos (Weltgeschichte gegen die Heiden) – *die erste Universalgeschichte der antiken Welt aus christlicher Sicht.*

Das Werk entstand ebenfalls im Auftrag des Augustinus und war als Ergänzung zu dessen Schrift Über den Gottesstaat (De civitate dei) *gedacht.*

Orosius' Werk, das die gesamte damals bekannte orientalische und abendländische Geschichte umfasst, liest sich wie eine Aufzählung von Kriegen und Verbrechen, Natur-

Altären bauten; ein Standbild der Victoria aber, das in der Provinz Germanien sich befand und gegen das Feindesland zu blickte, drehte sein Antlitz in Richtung auf Italien. (5) In einem Fall kam es sogar zu einem sinnlosen Kampf und Streit unter den Soldaten, und zwar wegen der Adler in den Feldlagern; die Leute meinten nämlich, die Barbaren hätten diese überfallen. Aus den erwähnten Gründen und weil auch … [Lücke].

Zonaras 10,37 (p. 453,7–10 Dind.)

(6) [10 n. Chr.] Tiberius jedoch hielt es nicht für angezeigt, über den Rhein zu gehen, sondern blieb ruhig an Ort und Stelle und achtete darauf, daß die Barbaren nicht den Fluß querten. Jene aber wußten um seine Anwesenheit, weshalb auch sie von dem Wagnis abstanden.

katastrophen und Seuchen in sieben Büchern. Der Autor möchte zeigen, dass die Menschheit schon immer von Katastrophen heimgesucht wurde, um mit dieser Relativierung des menschlichen Elends die heidnische Schuldzuweisung an die Christen, für die Schicksalsschläge der Gegenwart (Hungersnöte, Barbareneinfälle) verantwortlich zu sein, zu entkräften.

Die Niederlage des Varus wird im 6. Buch, das die Geschichte des Römischen Reiches vom Sklavenkrieg 73–71 v. Chr. bis kurz nach der Zeitenwende darstellt, erwähnt. Zu den literarischen Vorlagen zählen Suetons Kaiserbiographien und die Römische Geschichte *des Annaeus Florus aus der ersten Hälfte des 2. Jahrhunderts.*

20 *Historiae adversum paganos* VI,21,15–17

(15) Drusus in Germania primum Usipetes, deinde Tencteros et Chattos perdomuit. Marcomannos paene ad internecionem cecidit. (16) postea fortissimas nationes et quibus natura vires, consuetudo experientiam virium dabat, Cheruscos, Suebos et Sygambros pariter uno bello sed etiam suis aspero superavit. (17) quorum ex eo considerari virtus ac feritas potest, quod mulieres quoque eorum, siquando praeventu Romanorum inter plaustra sua concludebantur, deficientibus telis vel qualibet re, qua velut telo uti furor possit, parvos filios conlisos humi in hostium ora iaciebant, in singulis filiorum necibus bis parricidae.

21 *Historiae adversum paganos* VI,21,24–27

(24) idemque continuo Germanos bello arripuit, e quibus quadraginta milia captivorum victor abduxit. (25) quod revera bellum maximum et formidulosissimum quindecim legionibus per triennium gestum est, nec fere ullum maius bellum, sicut Suetonius adtestatur, post Punicum fuit.

(26) Sub eodem vero tempore Quintilius Varus cum tribus legionibus a Germanis rebellantibus, mira superbia atque avaritia in subiectos agens, funditus deletus est. (27) quam reipublicae cladem Caesar Augustus adeo graviter tulit, ut saepe per vim doloris caput parieti conlidens clamaret *Quintili Vare, redde legiones.*

20 *Weltgeschichte gegen die Heiden* VI,21,15–17

(15) Drusus bezwang in Germanien zuerst die Usipeter, dann die Tenkterer und Chatten.[63] Die Markomannen mordete er fast bis zur Vernichtung. (16) Später überwand er die Cherusker, Sueben und Sugambrer zugleich in einer einzigen, aber auch für die Seinen harten Schlacht – Völkerschaften, denen die Natur die Kräfte, die Gewohnheit aber den rechten Einsatz der Kräfte verlieh. (17) Ihre Tapferkeit und Wildheit kann daraus erschlossen werden, daß auch ihre Frauen, wenn sie gelegentlich durch einen Angriff der Römer zwischen ihren Wagen eingeschlossen wurden, bei Mangel an Wurfgeschossen oder irgendeinem Gegenstand, den man in der Kampfwut wie ein Wurfgeschoß benutzen kann, ihre auf der Erde niedergetrampelten Kleinkinder in die Gesichter der Feinde warfen, wobei sie bei einzelnen Kindestötungen zweimal zu Mörderinnen wurden.

21 *Weltgeschichte gegen die Heiden* VI,21,24–27

(24) Tiberius griff alsbald auch die Germanen an und führte als Sieger 40000 Gefangene von ihnen weg.[64] (25) Dieser in der Tat sehr große und furchtbare Krieg wurde mit 15 Legionen drei Jahre lang geführt. Es gab, wie Sueton bezeugt, nach dem Punischen keinen größeren Krieg.[65]

(26) Zur gleichen Zeit aber wurde Quintilius Varus, der mit außerordentlichem Hochmut und Habsucht gegen die Unterworfenen vorging, mit drei Legionen von sich erhebenden Germanen völlig vernichtet. (27) An dieser Niederlage[66] für den Staat trug Caesar Augustus so schwer, daß er oft wegen der Stärke des Schmerzes sein Haupt gegen die Wand stoßend ausrief: »Quintilius Varus, gib die Legionen wieder her.«

Anhang

Anmerkungen

Ovid

1 Augustus und Tiberius.
2 Der palatinische Berg in Rom, auf dem das Haus des Augustus stand.
3 Germanicus und der jüngere Drusus.
4 Gattin des Augustus.
5 Tiberius.
6 Agrippina, die Frau des Germanicus, und Livilla, die Frau des jüngeren Drusus.
7 Die Vestalinnen; zur absoluten Keuschheit verpflichtete Priesterinnen der Vesta, der römischen Göttin des Herdfeuers.
8 Aus Sidon in Phönizien kam der aus der Purpurschnecke gewonnene rote Farbstoff.
9 Tacitus berichtet von Menschenopfern (*Annalen* I,61).
10 Im Triumphzug wurden symbolische Darstellungen auf Wagen mitgeführt, hier u. a. der Rhein und Germania.
11 Tiberius.
12 Der Eingang zum Palatium wurde von Lorbeerbäumen flankiert, dem Lieblingsbaum Apollons, der einst die Nymphe Daphne (= Lorbeer) begehrte.
13 Der Zug führt zum Kapitol.

Velleius

14 Die Lücke wird ergänzt nach Tacitus, *Annalen* I,55: *vinciri conscios, sed praevalebant iam.*
15 Vgl. II,120,6. Von Folterungen und grausamen Todesarten der Gefangenen berichteten auch entkommene Soldaten später dem Germanicus, als dieser den Schauplatz der Varus-Schlacht besuchte und die Reste der Toten begraben ließ (vgl. Tacitus, *Annalen* I,61; Florus II,30).
16 Tiberius befand sich noch in Pannonien. – Zur Reaktion des Augustus vgl. Sueton, *Augustus* 23.
17 Er erhielt das *imperium proconsulare maius*, eine allen Pro-

vinzstatthaltern übergeordnete Befehlsgewalt. Nach Sueton, *Tiberius* 21, bekam er diese erst nach seinem Triumph, der am 23. 10. 12 n. Chr. stattfand.

Seneca der Ältere

18 L. Cestius Pius, Rhetoriklehrer aus Smyrna, der zur Zeit des Augustus in Rom eine Rhetorikschule leitete.

19 Wortspiel: im Lateinischen hießen die »Startschranken« bei Pferderennen »Kerker« (*carceres*).

20 Der Sohn des bekannten Quintilius Varus war um 6. v. Chr. geboren und hatte Iulia Livilla, die Tochter des Germanicus, geheiratet.

Seneca der Jüngere

21 *semina* (λόγοι σπερματικοί) sind in der stoischen Philosophie die Samenkeime der als Gottheit gedachten ordnenden Weltvernunft (λόγος), die in den Einzeldingen als Formen wirken und sie gestalten. Durch den λόγος σπερματικός hat jeder Mensch Anteil an dem Welt-Logos, womit der Stoiker die Gleichwertigkeit aller Menschen begründet. Vgl. *Epistulae* 73,16: »Göttliche Samenkeime sind in menschliche Körper gesät«.

Plinius

22 M. Aemilius Lepidus (um 90 – 12 v. Chr.), der spätere Triumvir, hat von Caesar das Amt des *magister equitum* erhalten. Cicero erwähnt ihn in mehreren Briefen.

23 Zu den Krankheiten des Augustus s. Sueton, *Augustus* 80f.

24 M. Vipsanius Agrippa (63–12 v. Chr.), Freund und Feldherr des Augustus, später auch sein Schwiegersohn.

25 C. Cilnius Maecenas (um 70–8 v. Chr.), Ratgeber des Augustus und Förderer junger Dichter.

26 M. Claudius Marcellus (42–23 v. Chr.), der Sohn der Schwester des Augustus, wurde verdächtigt, nach der Herrschaft zu stre-

ben; er wurde wahrscheinlich von Livia, der Gattin des Augustus, vergiftet.

27 Agrippa hielt sich in den Jahren 23–21 v. Chr. im Orient auf und wurde dann von Augustus wieder zurückberufen.

28 Die Enkel des Augustus, C. und L. Caesar, die Söhne des Agrippa und der Iulia, waren von Augustus adoptiert worden und sollen von Livia aus dem Wege geräumt worden sein, um die Nachfolge für Tiberius zu sichern.

29 Die einzige Tochter des Augustus, Iulia (39 v. – 14 n. Chr.), war wegen ihres Lebenswandels berüchtigt und musste 2 v. Chr. auf die Insel Pandateria verbannt werden; zu ihren vatermörderischen Anschlägen vgl. Sueton, *Augustus* 65; Cassius Dio LV,10,15.

30 Ti. Claudius Nero, der spätere Kaiser Tiberius (reg. 14–37 n. Chr.), Sohn der Livia aus erster Ehe und daher Stiefsohn des Augustus. Er heiratete nach Agrippas Tod im Jahre 11 v. Chr. Iulia und wurde so auch der Schwiegersohn des Augustus. Für sieben Jahre (6 v. Chr. – 2 n. Chr.) ging er in freiwilliger Verbannung nach Rhodos.

31 Auch die Enkelin des Augustus, die Tochter des Agrippa und der Iulia, gleichfalls Iulia genannt, wurde wegen ihrer Lasterhaftigkeit 8 n. Chr. auf die Insel Trimerus (heute Tremiti) verwiesen.

32 22 v. Chr. wütete die Pest in Rom.

33 Agrippa Postumus, dritter (nachgeborener) Sohn des Agrippa und der Iulia, geb. 12 v. Chr., wurde von Augustus 4 n. Chr. adoptiert, später aber enterbt und 7 n. Chr. verbannt, trotzdem nach dem Tode des Augustus von Tiberius ermordet. Augustus hatte den Enkel zusammen mit Paullus Fabius Maximus, Konsul 11 v. Chr., in seinem Verbannungsort, der Insel Planasia, südlich von Elba, im Ligurischen Meer, besucht.

Frontinus

34 *Pili* wurden die Manipel (Kompanien) der Triarier (alte, erprobte Mannschaft, die vorwiegend als Reserve diente) genannt, *primus pilus* war also der erste Manipel der Triarier und dann metonymisch der Centurio dieses Manipels, was die vornehmste Centurionenstelle der ganzen Legion war, zu der man nur nach langem Dienst allmählich befördert werden konnte.

Auch die Form *primipilus* kommt vor. *Primipilarius* heißt also »gewesener *primipilus*«. – Vgl. Velleius Paterculus, *Historia Romana* II,120,4.

Florus

35 Römische Hafenstadt am Ärmelkanal (heute Boulogne-sur-Mer), die als Ausgangspunkt für Überfahrten nach Britannien diente. – Die Bedeutung von *Bonnam* ist nicht gesichert.
36 Er war auf dem Rückweg von der Elbe vom Pferd gefallen und starb an den Folgen des Sturzes.
37 Der lateinische Text ist unsicher.
38 Der lateinische Text ist unsicher.

Tacitus

39 Tacitus will mit diesem emphatischen Ausruf seine Freude darüber ausdrücken, dass Augustus trotz dem Einfluss Livias es wagte, Germanicus als Rivalen an die Seite des Tiberius zu setzen.
40 Eben Drusus, der Sohn der Vipsania.
41 Die Chatten waren ein starker germanischer Volksstamm auf dem rechten Rheinufer (im heutigen Hessen). Sie wurden 11/10 v. Chr. von Drusus unterworfen. 17 n. Chr. triumphierte Germanicus über sie.
42 Adrana, die heutige Eder (in Hessen), die sich in die Fulda ergießt.
43 Mattium, nördlich der Eder, vielleicht das heutige Dorf Metze bei Gudensberg. Der Name der Mattiaci, die wir später bei Wiesbaden (Aquae Mattiacae) finden, hängt mit ihnen zusammen.
44 Ara Ubiorum (der Altar der Ubier) im Oppidum Ubiorum, dem heutigen Köln.
45 Am linken Rheinufer. Als neue Provinz wird das Gebiet betrachtet, das die Römer vor der Niederlage des Varus auf der rechten Seite des Rheins besessen hatten.
46 Der Bericht war in den verlorenen Büchern VII–XI enthalten. Im Buch XI,16 wird aus dem Jahr 47 n. Chr. von dem Sohn des

Arminius als gestorben gesprochen. Nach Strabon (VII,1,4) hieß er Thumelicus.

47 Amisia, die heutige Ems.

48 Der germanische Volksstamm der Friesen wohnte zwischen Zuidersee und Ems. Sie waren 12 v. Chr. von Drusus unterworfen worden.

49 Die vier am Oberrhein stationierten Legionen. Die jetzt in der Zuidersee vereinigten Seen hingen früher nicht zusammen. Er fuhr in diese vom Rhein aus durch die *fossa Drusiana*, die heutige Ijssel.

50 Lupia, die heutige Lippe.

51 Der moderne Name »Teutoburger Wald« ist erst im 18. Jahrhundert aufgekommen, dadurch daß der »Lippische Wald« genannte Teil des Osning mit dem *Teutoburgiensis saltus* identifiziert wurde.

52 Unter *principia* ist der Hauptplatz im Lager zu verstehen, wo sich das Feldherrnzelt (*praetorium*) und die Unterkünfte der Legaten und Tribunen befanden, wo die Fahnen abgestellt wurden und die Soldaten zu der *contio* antraten. Sein Umfang stand jeweils im Verhältnis zu dem des ganzen Lagers.

53 Die »Langen Brücken« sind Bohlenwege über das Sumpf- und Moorgebiet.

54 L. Domitius Ahenobarbus war Statthalter am Niederrhein gewesen.

55 D. h. noch im Hinaufklettern begriffen waren.

56 Der ältere Plinius, aus Comum (Como) stammend, lebte vom Jahr 23–79 n. Chr.

57 Visurgis, die Weser. Inwiefern hier die Weser genannt ist, wo doch Vitellius und Germanicus auf dem Wege von der Ems zum Rhein waren, ist nicht klar. Vermutlich handelte es sich um einen Irrtum, den Tacitus schon von seiner Quelle übernommen hat.

58 Drusus legte im Jahr 11 v. Chr. am Zusammenfluss von Elison und Lippe das Kastell Aliso als Ausgangspunkt für seine Operationen und zugleich als Versorgungsbasis an. Nach allgemeiner Ansicht stimmt die Örtlichkeit mit Haltern (an der unteren Lippe) überein.

59 Tiberius führte sieben Jahre Krieg in Germanien und wurde dann im Jahr 7 v. Chr. erneut dorthin gesandt.

60 Im Jahr 6 n. Chr. drang Tiberius von der Donau her gegen Maroboduus vor. – Die Sugambrer, zu der germanischen Gruppe der Istaevonen gehörig, waren an dem rechten Rheinufer sesshaft, gegenüber den Eburonen nördlich von den Ubiern.

61 Germanicus erhielt das Konsulat erst für das Jahr 18. Als Statthalter erhielt er keinen Nachfolger. Die beiden rheinischen Legaten waren von nun an dem Princeps unmittelbar unterstellt. Der Rhein bildete die Reichsgrenze.

62 Die Verleihung des Lorbeerkranzes bildete einen wesentlichen Bestandteil des Triumphes. Der Feldherr legte den Lorbeerkranz in den Schoß des Iuppiterbildes auf dem Kapitol.

Orosius

63 Auch zu den Feldzügen des Drusus in Germanien (12–9 v. Chr.) hat Orosius die gleiche Vorlage wie Florus (2,20,23); zur Germanenpolitik des Augustus.

64 Der Feldzug gehört in das Jahr 8 v. Chr.; nach Sueton (*Augustus* 21; *Tiberius* 9 wurden die 40000 Germanen (Sugambrer und Sueben) jenseits des Rheins angesiedelt (vgl. auch Eutrop 7,9).

65 Sueton, *Tiberius* 16 (vgl. Velleius Pat. 2,110f.; Cassius Dio 55,30f.): Bericht über den pannonischen Aufstand (6–9 n. Chr.).

66 Zur Niederlage des Varus im Teutoburger Walde im Jahre 9 n. Chr. ähnlich Sueton, *Augustus* 23 und *Tiberius* 17; wahrscheinlicher hat Orosius nicht diese beiden Viten, sondern (wie § 25) eine Sueton zitierende Quelle benutzt.

Daten zur Varusschlacht

113–101 v. Chr.	Einfälle der germanischen Kimbern und Teutonen in das Römische Reich
63	23. September: Geburt des Gaius Octavius, des späteren Princeps Augustus
58–51	Feldzug und Eroberung Galliens durch Iulius Caesar; der Rhein wird zur Grenze zu den germanischen Stämmen
55	Caesar drängt die nach Nordostgallien einfallenden Usipeter und Tenkterer über den Niederrhein zurück; römischer Brückenbau und erster Rheinübergang ins rechtsrheinische Gebiet bei Neuwied
53	Zweiter Rheinübergang Caesars
47/46	Geburt des Publius Quin(c)tilius Varus
38	Umsiedelung der Ubier in linksrheinische Gebiete um Köln durch Agrippa
27	13.–16. Januar: Neuordnung der politischen Verhältnisse; Octavian (Octavius' Name seit seiner Adoption durch Caesar 44) erhält das *imperium proconsulare* über alle noch nicht befriedeten Provinzen
	16. Januar: Octavian erhält den Ehrennamen Augustus
25	Germanen dringen nach Gallien vor und werden vom Statthalter Vinicius über den Rhein zurückgedrängt
19–16	Geburt des Cheruskerfürsten Arminius
16	Niederlage des römischen Legaten M. Lollius Paulinus und der V. Legion am Niederrhein gegen die Sugambrer, Usipeter und Tenkterer nördlich von Bonn
16–15/13	Augustus überwacht im Rheinland die Errichtung von Militärlagern; Sicherung des Alpenvorraums durch Drusus und Tiberius
15	Errichtung der Münzstätte in Lug(u)dunum (Lyon)
13	Konsulat von Tiberius und Varus

12–9	Feldzüge des Drusus über den Rhein; Unterwerfung der Usipeter, Vordringen bis zur Weser; Errichtung militärischer Anlagen in Noviomagus (Nijmegen), Vetera bei Xanten, Moers-Asberg, Novaesium (Neuss), Rödgen (Wetterau), Bergkamen-Oberaden und Mogontiacum (Mainz); Flottenexpedition gegen die Chauken und Friesen; Feldzug gegen die Chatten
11	Drusus lässt das Lager Aliso (Haltern?) am Zusammenfluss von Lupia (Lippe) und Elison (?) errichten
9	Wahrscheinlich Errichtung des Lagers Hedemünden an der Werra; September: Tod des Drusus auf dem Rückmarsch von der Elbe (in der Gegend der Saalemündung); Tiberius überführt die Leiche nach Rom; Errichtung des ›Drusussteins‹ in Mogontiacum (Mainz)
9–7	Tiberius befehligt die Rheinlegionen; Abschluss der ersten Germanenoffensive
8	Umsiedlung von ca. 40000 Sugambrern und Sueben auf linksrheinisches Gebiet; Germanien gilt als römische Provinz
Winter 8/7	Aufgabe des Lagers Oberaden
7	1. Januar: Triumph des Tiberius in Rom; Errichtung der Lager Haltern (eventuell früher) und Anreppen an der Lippe
7/6–5/4	Varus ist Statthalter der Provinz Syrien (*legatus Augusti pro praetore*)
6–2 n. Chr.	Tiberius weilt im freiwilligen Exil auf Rhodos
6–1 n. Chr.	L. Domitius Ahenobarbus Befehlshaber (*legatus exercitus Germanici*) der Rheinarmee
3	Erneuter Vormarsch bis zur Elbe (wahrscheinlich in Böhmen); Bau von Moordämmen (*pontes longi*) zwischen Ems und Rhein
2 v. Chr. – 1 n. Chr.	Münzprägungen mit den Augustusenkeln Gajus und Lucius Caesar in Lug(u)dunum (Lyon)
Zeitenwende	Markomannenreich des Marbod in Böhmen

1–4 n. Chr.	Marcus Vinicius Befehlshaber über die Rheinarmee; Unruhen in Norddeutschland (*immensum bellum*; Velleius II,104)
4	26. Juni: Tiberius wird nach dem Tod der Augustusenkel Lucius (2 n. Chr.) und Gaius Caesar (4 n. Chr.) von Augustus adoptiert
	Tiberius schließt mit den Cheruskern ein Bündnis (*recepti Cherusci*; Velleius II,105)
4 und 5–7	Gaius Sentius Saturninus Befehlshaber der Rheinarmee
4	Sommer: Tiberius befehligt erneut Legionen im Rheinland (bis 5); zunehmende Erschließung des Gebiets durch Militärlager; erstes Überwintern einer römischen Armee auf rechtsrheinischem Gebiet in einem der Kastelle an der Lippe
4–6	Arminius dient unter Tiberius als Tribun (Stabsoffizier)
5	Feldzug gegen die Langobarden, die sich auf das Gebiet rechts der Elbe zurückziehen; eine römische Flotte stößt bis an die Nordspitze Dänemarks vor und fährt auf der Rückreise die Elbe hinauf, um sich mit Tiberius zu treffen; vorläufiger Abschluss der römischen Expansion in Nordgermanien
6 (?)	Weihung des Ubieraltars (*ara Ubiorum*) bei Köln
6	Großangelegte Zangenoffensive unter Tiberius und Saturninus gegen die Markomannen (mit 12 Legionen) wegen des Aufstands in Pannonien-Dalmatien abgebrochen
6–9	Niederschlagung des pannonischen-dalmatischen Aufstands durch Tiberius; Velleius Paterculus unter Tiberius Stabsoffizier; Pannonien wird römische Provinz; Sicherung der Donaugrenze
7	P. Quinctilius Varus Statthalter des Rheinlandes und Germaniens (*legatus Augusti pro praetore*); Befehlshaber der Rheinarmee; Erhebung von Steuern und Rechtsprechung auf germani-

	schem Gebiet, Kontermarkierung von Münzen; Arminius kehrt nach Germanien zurück
8	Verbannung Ovids nach Tomi am Schwarzen Meer
8–12	Entstehungszeit der *Tristia* des Ovid
9	September: Die Germanen unter Arminius vernichten die 17., 18. und 19. römische Legion sowie 3 Reiter- und 6 Infanterieeinheiten in der sogenannten Schlacht im Teutoburger Wald; Aufgabe (?) des Lagers Haltern; Strabons *Geographica* zum größten Teil abgeschlossen
nach 9	Herstellung des Grabsteins des Marcus Caelius
nach 9	Manilius verfasst das erste Buch seiner *Astrologie*
10–12	Tiberius Befehlshaber der Rheinarmee; Sicherung der Rheingrenze
10	Erneute Münzprägungen in Lug(u)dunum
12	23. Oktober: Triumph des Tiberius in Rom, an dem Velleius teilnimmt; Germanicus Konsul
13–16	Germanicus Statthalter in Gallien und Befehlshaber der Rheinarmee
13	Augustus lässt seine *Res gestae* im Vestatempel hinterlegen
14	19. August: Tod des Augustus, Tiberius wird sein Nachfolger; Meuterei der vier Rheinlegionen in Neuss; Feldzug des Germanicus gegen die Marser
14–16	A. Caecina Severus Befehlshaber des niederrheinischen Heeres
15	Feldzug des Germanicus gegen die Chatten; Zerstörung von Mattium; Feldzug des Caecina gegen die Cherusker; Gefangennahme der Thusnelda; Germanicus sucht den Ort der Varusschlacht auf und lässt Massengräber anlegen; Verlust eines Teils der römischen Flotte in einer Springflut an der Nordsee; Wiederbesetzung des Lagers Aliso (?)

	6. November: Geburt der Agrippina d. J., Tochter des Germanicus und spätere Frau des Kaisers Claudius, in Köln
16	Schlachten des Germanicus gegen Arminius bei Idistaviso und am Angrivarierwall an der Weser mit unentschiedenem Ausgang; Rückmarsch an den Rhein über die Ems; erneuter Verlust eines Teils der Flotte durch Unwetter; Kriegszug gegen die Chatten und Marser
17	Einstellung der römischen Offensive in Germanien; innergermanische Auseinandersetzungen, u. a. zwischen Marbod und Arminius 26. Mai: Triumph des Germanicus in Rom
18	Germanicus Konsul
19	10. Oktober: Tod des Germanicus in Syrien; Marbod muss zu den Römern fliehen und geht ins Exil nach Ravenna
19 oder 21	Ermordung des Arminius durch einen cheruskischen Landsmann
28	Aufstand der Friesen
vor 30	Abschluss der *Römischen Geschichte* des Velleius Paterculus
37	17. März: Tod des Tiberius
37–41	Entstehungszeit der *Controversiae* des älteren Seneca
39	Germanienfeldzug des Caligula
40/41	P. Gabinius Secundus Befehlshaber der niederrheinischen Armee; Feldzug gegen die Chatten und Rückeroberung des letzten der in der Varusschlacht verlorenen Legionsadler
60 (?) – 104	Entstehungszeit der *Strategemata* des Frontinus
vor 65	Entstehungszeit der *Epistulae morales* des Seneca
vor 79	Entstehungszeit der *Naturalis historia* des Plinius
um 85	Errichtung der beiden Provinzen *Germania Inferior* und *Germania Superior*; Beginn der Errichtung des Limes (eventuell erst unter Traian)

98	Tacitus verfasst die *Germania*
98–138	Entstehungszeit der *Epitoma* des Florus
104–112	Entstehungszeit der *Historien* des Tacitus
112	Tacitus beginnt mit der Veröffentlichung seiner *Annalen*
um 120	Entstehungszeit der Kaiserviten des Sueton
nach 229	Cassius Dio vollendet seine *Historia Romana*
416–417/418	Orosius verfasst sein Hauptwerk *Historiae adversum paganos*
865	Tod Rudolfs von Fulda, des einzigen bekannten frühmittelalterlichen Kenners und Rezipienten des Tacitus
11. und 12. Jh.	Die byzantinischen Gelehrten Ioannes Xiphilinos und Ioannes Zonaras fassen Dios *Historia Romana* zusammen
Mitte 12 Jh.	Otto von Freising erwähnt die Varusschlacht in seiner *Chronik oder Geschichte der zwei Reiche* (III,3,22 ff.)
1455	Wiederentdeckung der *Germania* des Tacitus im Kloster Hersfeld
1470	Buchausgabe der *Germania* in Venedig
1489	Lateinische Übersetzung der *Historia Romana* von Cassius Dio
1507	Entdeckung der *Annalen* des Tacitus im Kloster Corvey (bei Höxter an der Weser)
1515	Vollständige Buchausgabe der *Annalen* bei P. Beroaldus in Rom
1517	Erste bekannte bildliche Darstellung (Holzschnitt) der Varusschlacht (für die 1520 erschienene, von Beatus Rhenanus edierte Ausgabe der *Historia Romana* des Velleius Paterculus)
1530	Luther übersetzt den Namen Arminius mit »Herman« (*Der 82. Psalm ausgelegt*)
1676–1910	Mindestens 76 »Hermann«-Opern werden geschrieben und aufgeführt
1860	Uraufführung der *Hermannsschlacht* von Heinrich von Kleist
1875	Vollendung das Hermannsdenkmals bei Detmold

1885	Theodor Mommsen identifiziert die Region von Kalkriese als Ort der Varusschlacht
1987	Entdeckung von ersten Hinweisen auf militärische Auseinandersetzungen zwischen Römern und Germanen in Kalkriese durch den britischen Offizier Tony Clunn
1989	Beginn der systematischen Ausgrabungen in Kalkriese: Münzen, Militaria sowie Tier- und Menschenknochen werden freigelegt
1990	Entdeckung einer Gesichtsmaske eines römischen Reiterhelms (vgl. Umschlagabbildung) sowie Freilegung von Resten einer Wallanlage, die den Germanen bei ihrem Überfall auf die Römer Tarnung und Schutz bot
1994	Entdeckung von Knochengruben mit Menschen- und Tierknochen
1999	Eine mit Kalksteinen ausgekleidete Grube mit sehr gut erhaltenen, eng gepackten Knochen sowie weitere Wallabschnitte werden freigelegt
2000	Eröffnung der Anlage »Museum und Park Kalkriese«
2000/01	Entdeckung eines vollständigen Maultierskeletts unmittelbar hinter der Wallanlage sowie weiterer Skelettteile von Maultieren vor dem Wall
2006	Bislang sind rund 5000 archäologische Gegenstände aus der Erde geborgen
2009	2000. Jahrestag der Varusschlacht

Quellenverzeichnis

CASSIUS DIO (Lucius Claudius C. D. Cocceianus; 155 – um 235)

19 *Historia Romana / Römische Geschichte* 56,18,1–24,6

Cassius Dio: Römische Geschichte. 5 Bde. Übers. von Otto Veh. Eingel. von Gerhard Wirth. Bd. 4: Bücher 51–60. Zürich/München: Artemis, 1986. S. 262–270. – © 1986 Patmos Verlagshaus GmbH & Co. KG, Düsseldorf.

FLORUS (Lucius Annaeus Florus; 2. Hälfte 1. Jh. – 1. Hälfte 2. Jh.)

12 *Epitoma de Tito Livio / Auszug aus dem Werk des Titus Livius* II,30

Lucius Annaeus Florus: Römische Geschichte. Lat./Dt. Hrsg. von Kai Brodersen. Eingel., übers. und komm. von Günter Laser. Darmstadt: Wissenschaftliche Buchgesellschaft, 2005. S. 268–273. – © 2005 Wissenschaftliche Buchgesellschaft, Darmstadt.

FRONTINUS (Sextus Iulius Frontinus; um 34 – um 104)

9 *Strategemata/Kriegslisten* II,9,4
10 *Strategemata/Kriegslisten* III,15,4
11 *Strategemata/Kriegslisten* IV,7,8

Frontinus: Kriegslisten. Lat./Dt. [Übers. und hrsg.] von Gerhard Bendz. Berlin: Akademie-Verlag, 1963. S. 116f., 156f., 188f. – © 1963 Akademie Verlag, Berlin.

MANILIUS (Marcus Manilius; Ende 1. Jh. v. Chr. – Anfang 1. Jh. n. Chr.)

3 *Astronomica/Astrologie* I,896–903

Manilius: Astronomica/Astrologie. Lat./Dt. Übers. und hrsg. von Wolfgang Fels. Bibliogr. erg. Ausg. Stuttgart: Reclam, 2008. (Reclams Universal-Bibliothek. 18555.) S. 90–93.

OROSIUS (Paulus Orosius; 2. Hälfte 4. Jh. – 1. Hälfte 5. Jh.)

20 *Historiae adversum paganos / Weltgeschichte gegen die Heiden* VI,21,15–17

21 *Historiae adversum paganos / Weltgeschichte gegen die Heiden* VI,21,24–27

Paulus Orosius: Die antike Weltgeschichte in christlicher Sicht. 2 Bde. Übers. und erl. von Adolf Lippold. Bd. 2: Buch V–VII. Zürich/München: Artemis, 1986. S. 131f. – © 1986 Patmos Verlagshaus GmbH & Co. KG, Düsseldorf.

Ovid (Publius Ovidius Naso; 43 v. Chr. – 17/18 n. Chr.)

1 *Tristia / Lieder der Trauer* III,12,37–48
2 *Tristia / Lieder der Trauer* IV,2,1–58

Publius Ovidius Naso: Briefe aus der Verbannung/Tristia. Epistulae ex Ponto. Lat./Dt. Übertr. von Wilhelm Willige. Eingel. und erl. von Niklas Holzberg. München/Zürich: Artemis & Winkler, ²1995. S. 164f., 182–187. – © 1990, 1995 Patmos Verlagshaus GmbH & Co. KG, Düsseldorf.

Plinius der Ältere (Gaius Plinius Secundus; 23–79 n. Chr.)

8 *Naturalis historia / Naturkunde* VII,147–150

Gaius Plinius Secundus: Naturalis historia / Naturkunde. Lat./Dt. Buch VII: Anthropologie. Hrsg. und übers. von Roderich König in Zsarb. mit Gerhard Winkler. München: Heimeran, 1975. S. 106–109. – © 1975 Patmos Verlagshaus GmbH & Co. KG, Düsseldorf.

Seneca der Ältere (Lucius Annaeus Seneca; um 55 v. Chr. – um 40 n. Chr.)

6 *Controversiae/Streitfragen* I,3,10

Seneca d. Ä.: Sentenzen, Einteilungen, Färbungen von Rednern und Redelehren. Übers. und Anm. von Otto und Eva Schönberger. Würzburg: Königshausen & Neumann, 2004. S. 45. – © 2004 Verlag Königshausen & Neumann, Würzburg.

Seneca der Jüngere (Lucius Annaeus Seneca; 4/1 v. Chr. – 65 n. Chr.)

7 *Epistulae morales ad Lucilium / Briefe an Lucilius über Ethik* 47,10

L. Annaeus Seneca: Epistulae morales ad Lucilium. Liber V / Briefe an Lucilius über Ethik. 5. Buch. Lat./Dt. Übers. und hrsg. von Franz Loretto. Stuttgart: Reclam, 1988 [u. ö.]. (Reclams Universal-Bibliothek. 2136.) S. 28f.

STRABON AUS AMASEIA (um 64/63 v. Chr. – um 20 n. Chr.)

4 *Geographica/Geographie* VII,1,2–4

Geographika. Griech./Dt. Übers., hrsg. und komm. von Stefan Radt. Bd. 2: Buch V–VII. Text und Übers. Göttingen: Vandenhoeck & Ruprecht, 2003. S. 234–241. – © 2003 Verlag Vandenhoeck & Ruprecht, Göttingen.

SUETON (Gaius Suetonius Tranquillus; um 70 – um 140)

18 *Divus Augustus / Augustus* 23

C. Suetonius Tranquillus: Augustus. Lat./Dt. Übers. und hrsg. von Dietmar Schmitz. Stuttgart: Reclam, 1988 [u. ö.]. (Reclams Universal-Bibliothek. 6693.) S. 34–37.

TACITUS (Publius Cornelius Tacitus; um 56 – um 120)

13 *Ab excessu divi Augusti / Annalen* I,3,5–6
14 *Ab excessu divi Augusti / Annalen* I,55–71
15 *Ab excessu divi Augusti / Annalen* II,7
16 *Ab excessu divi Augusti / Annalen* II,26,2–5
17 *Ab excessu divi Augusti / Annalen* II,88

Tacitus: Annalen I–VI. Übers., Einl. und Anm. von Walther Sontheimer. Stuttgart: Reclam, 1964 [u. ö.]. (Reclams Universal-Bibliothek. 2457.) S. 17, 56–70, 80–81, 93, 134f.

VELLEIUS PATERCULUS (um 20 v. Chr. – nach 30 n. Chr.)

5 *Historia Romana / Römische Geschichte* II,117–122

C. Velleius Paterculus: Historia Romana / Römische Geschichte. Lat./Dt. Übers. und hrsg. von Marion Giebel. Stuttgart: Reclam, 1992 [u. ö.]. (Reclams Universal-Bibliothek. 8566.) S. 247–259.

Literaturhinweise

»Armenius besiegt Varus« (Kampf um Germanien. Tl. 1). In: National Geographic. November 2007. S. 52–82.

Die antike Welt der Pflanzen. Das Botanicum in Kalkriese. Hrsg. von Varusschlacht im Teutoburger Wald gGmbH. Bramsche 2006.

Berger, Frank: Das Geld der römischen Soldaten. In: Schlüter, *Kalkriese – Römer im Osnabrücker Land*, S. 211–230.

– Kalkriese 1. Die römischen Fundmünzen. Text und Tafeln. Mainz 1996. (Römisch-Germanische Forschungen. Bd. 55.)

Bleicken, Jochen: Augustus. Eine Biographie. Berlin 2000. [Bes. Kap. 14: »Die militärische Expansion seit 16 v. Chr. S. 565–618«.]

Bökemeier, Rolf: Die Varusschlacht. Der Untergang der römischen Legionen im Teutoburger Wald. Tübingen 2000.

– Römer an Lippe und Weser. Neue Entdeckungen der römischen Militärlager an der Lippe. Münster 2004.

Brepohl, Wilm: Neue Überlegungen zur Varusschlacht. Münster 2004.

– Arminius gegen Germanicus: Der Germanicus-Feldzug 16 n. Chr. und seine Hintergründe. Münster 2008.

Buck, Henning: Der literarische Arminius – Inszenierungen einer sagenhaften Gestalt. In: Schlüter, *Kalkriese – Römer im Osnabrücker Land*, S. 267–281.

Callies, Horst: Bemerkungen zu Aussagen und Aussagehaltung antiker Quellen und neuerer Literatur zur Varusschlacht und ihrer Lokalisierung. In: Wiegels/Woesler, *Arminius und die Varusschlacht*, S. 175–183.

Christ, Karl: Geschichte der römischen Kaiserzeit. Von Augustus bis Konstantin. München [5]2005. [Bes. S. 124–133 und 193–197.]

Clunn, Tony: Auf der Suche nach den verlorenen Legionen. Bramsche 1998. – Engl. Ausg.: In Quest of the Lost Legions. London 1999.

Derks, Heidrun: 15 Jahre Archäologie. Eine Entdeckung und ihre Folgen. Bramsche 2006.

Eck, Werner: Augustus und seine Zeit. München. 4., überarb. Aufl. 2006.

Fansa, Mamoun (Hrsg.): Varusschlacht und Germanenmythos. Eine Vortragsreihe anläßlich der Sonderausstellung ›Kalkriese –

Römer im Osnabrücker Land 1993‹ in Osnabrück. Oldenburg [3]2001.

Franzius, Georgia: Die römischen Funde aus Kalkriese. In: Schlüter, *Kalkriese – Römer im Osnabrücker Land*, S. 107–182.

– (Hrsg.): Aspekte römisch-germanischer Beziehungen in der frühen Kaiserzeit. Vortragsreihe zur Sonderausstellung ›Kalkriese – Römer im Osnabrücker Land 1993‹ in Osnabrück. Espelkamp 1995.

Gruber, Joachim: Tacitus und der Ort der Varus-Schlacht. Vom Zeugniswert der literarischen Quellen. In: Gymnasium 111,5 (2008) S. 453–467.

Harnecker, Joachim: Arminius, Varus und das Schlachtfeld von Kalkriese. Eine Einführung in die archäologischen Arbeiten und ihre Ergebnisse. Bramsche [2]2002.

Holthausen, Jens: Arminius, Hermann oder Siegfried. Mythen und Spekulationen um den Namen des Siegers der Varusschlacht. In: Varus-Kurier 1 (2004) S. 5–7.

Holzhey, Jutta: Im Schatten des Arminius. Vorrömische Eisenzeit und Römische Kaiserzeit in Lippe. Katalog zur Dauerausstellung des Lippischen Landesmuseums Detmold. Detmold 2000.

Horn, Heinz Günter: Die Römer in Nordrhein-Westfalen. Hamburg 2002.

Husemann, Dirk: Der Sturz des römischen Adlers: 2000 Jahre Varusschlacht. Frankfurt a. M. 2008.

John, Walter: Die Örtlichkeit der Varusschlacht bei Tacitus. Eine Quellenuntersuchung. Göttingen 1950.

Kehne, Peter: Zur Datierung von Fundmünzen aus Kalkriese und zur Verlegung des Enddatums des Halterner Hauptlagers in die Zeit der Germanienkriege unter Tiberius und Germanicus (10–16 n. Chr.). In: Wiegels, *Die Fundmünzen von Kalkriese*, S. 47–79.

– Vermarktung contra Wissenschaft: Kalkriese und der Versuch zur Vereinnahmung der Varusschlacht. In: Die Kunde N.F. 54 (2003) S. 93 ff.

Krause, Arnulf: Die Geschichte der Germanen. Frankfurt a. M. / New York 2002. [Hier Kap. 4: »Die Germanenkriege unter Augustus – Durch den Sieg des Arminius bleibt Germanien frei«, S. 80–117.]

Kühlborn, Johann-Sebastian (Hrsg.): GERMANIAM PACAVI – Germanien habe ich befriedet. Archäologische Stätten augusteischer Okkupation. Münster 1995.

Lehmann, Gustav Adolf: Das Ende der römischen Herrschaft über das »westelbische« Germanien: Von der Varus-Katastrophe zur Abberufung des Germanicus Caesar 16/7 n. Chr. In: Wiegels/Woesler, *Arminius und die Varusschlacht*, S. 123–141.

Martin, Ralf-Peter: Die Varusschlacht: Rom und die Germanen. Frankfurt a. M. 2008.

Millhoff, Manfred: Varusschlacht und Irminsul. Anatomie zweier Mythen der Geschichte. Niebüll 2002.

Möllers, Sebastian: Kalkriese. Die Vorbesiedelung im Umfeld des kaiserlichen Fundplatzes. Hrsg. von Wolfgang Schlüter. Möhnesee 2004. (Osnabrücker Forschungen zu Altertum und Antike Rezeption. 7.)

Mommsen, Theodor: Über die Örtlichkeit der Varusschlacht. Berlin 1885. (Gesammelte Schriften. Bd. 4.) Berlin 1906. S. 200–246.

– Römische Kaisergeschichte. Nach den Vorlesungs-Mitschriften von Sebastian und Peter Hensel 1882/86. Hrsg. von Barbara und Alexander Demandt. München 1992. S. 126–130.

Oppitz, Peter: Das Geheimnis der Varusschlacht. Kelkheim 2006.

Schlüter, Wolfgang: Die archäologischen Untersuchungen in der Kalkrieser-Niewedder-Senke. In: Schlüter, *Kalkriese – Römer im Osnabrücker Land*, S. 13–51.

– Zum Stand der archäologischen Erforschung der Kalkrieser-Niewedder-Senke. In: Schlüter/Wiegels, *Rom, Germanien und die Ausgrabungen von Kalkriese*, S. 13–60.

– Neue Erkenntnisse zur Örtlichkeit der Varusschlacht? – Die archäologischen Untersuchungen in der Kalkrieser-Niewedder-Senke im Vorland des Wiehengebirges. In: Wiegels/Woesler, *Arminius und die Varusschlacht*, S. 67–95.

– Archäologische Forschungen zur Varusschlacht. Prospektion und Ausgrabungen in der Kalkrieser-Niewedder-Senke 1987 bis 2002. In: Wiegels/Woesler, *Arminius und die Varusschlacht*, S. 439–457.

– (Hrsg.): Kalkriese – Römer im Osnabrücker Land. Archäologische Forschungen zur Varusschlacht. Bramsche [2]1993.

– / Wiegels, Rainer (Hrsg.): Rom, Germanien und die Ausgrabungen von Kalkriese. Internationaler Kongress der Universität Osnabrück und des Landschaftsverbandes Osnabrücker Land e. V. vom 2. bis 5. September 1996. Osnabrück 1999. (Kulturregion Osnabrück. Bd. 10.)

Spickermann, Wolfgang / Matijević, Krešimir / Steenken, Heinz Hermann (Hrsg.): Rom, Germanien und das Reich. Festschrift zu Ehren von Rainer Wiegels anlässlich seines 65. Geburtstages. St. Katharinen 2005.

Spuren der Jahrtausende. Archäologie und Geschichte in Deutschland. Hrsg. von Uta von Freeden und Siegmar von Schnurbein für die Römisch-Germanische Kommission. Stuttgart 2000.

Timpe, Dieter: Arminius-Studien. Heidelberg 1970. (Bibliothek der klassischen Altertumswissenschaften. N.F. 2. Reihe. Bd. 34.)

– Der römische Verzicht auf die Okkupation Germaniens. In: Chiron 1 (1971) S. 267–284.

– Geographische Faktoren und politische Entscheidungen in der Geschichte der Varuszeit. In: Wiegels/Woesler, *Arminius und die Varusschlacht*, S. 13–27.

– Römisch-germanische Begegnungen in der späten Republik und frühen Kaiserzeit. Voraussetzungen – Konfrontationen – Wirkungen. Gesammelte Studien. München 2006. (Beiträge zur Altertumskunde. 233.)

Wells, Peter S.: Die Schlacht im Teutoburger Wald. Übers. von Lutz Walther. Düsseldorf/Zürich 2005. – Engl. Orig.-Ausg.: The Battle That Stopped Rome. Emperor Augustus, Arminius, and the Slaughter of the Legions in the Teutoburg Forest. New York / London 2003.

Werz, Ulrich: Die Gegenstempel auf Kupfermünzen des Augustus im Rheingebiet. Vorbericht über eine Neuaufnahme. In: Schlüter/Wiegels, *Rom, Germanien und die Ausgrabungen von Kalkriese*, S. 305–326.

Wiegels, Rainer: Die literarische Überlieferung zur *clades Variana*. In: Schlüter/Wiegels, *Rom, Germanien und die Ausgrabungen von Kalkriese*, S. 637–674.

– (Hrsg.): Die Fundmünzen von Kalkriese und die frühkaiserliche Münzprägung. Akten des wissenschaftlichen Symposions in Kalkriese, 15.–16. April 1999. Möhnesee 2000.

– (Hrsg.): Die Varusschlacht. Wendepunkt der Geschichte? Stuttgart 2007.

– / Woesler, Winfried (Hrsg.): Arminius und die Varusschlacht. Geschichte – Mythos – Literatur. 3., aktual. und erw. Aufl. Paderborn [u. a.] 2003.

Wierschowski, Lothar: Non sexus, non aetas miserationem attulit (Tac. Ann. 1,51,1) – ›Nicht Alter, nicht Geschlecht brach-

ten Erbarmen‹: Zur Kriegsführung der Römer in Germanien 14–16 n. Chr. In: Spickermann, *Rom, Germanien und das Reich*, S. 210–223.

Wilbers-Rost, Susanne: Geschichte und Ergebnisse der Ausgrabungen in Kalkriese. In: Schlüter, *Kalkriese – Römer im Osnabrücker Land*, S. 53–79.

– Die Ausgrabungen auf dem ›Oberesch‹ in Kalkriese. Deponierungen von Menschen- und Tierknochen auf dem Schlachtfeld. In: Schlüter/Wiegels, *Rom, Germanien und die Ausgrabungen von Kalkriese*, S. 61–89.

– Der Hinterhalt gegen Varus. Zur Konstruktion und Funktion der germanischen Wallanlage auf dem ›Oberesch‹ in Kalkriese. In: Die Kunde N.F. 54 (2003), S. 123 ff.

Wigg, David G.: Die Rolle des Militärs bei der Münzversorgung und Münzwirtschaft am Rhein in der frühen Kaiserzeit. In: Schlüter/Wiegels, *Rom, Germanien und die Ausgrabungen von Kalkriese*, S. 327–346.

Wolters, Reinhard: Germanien im Jahre 8 n. Chr. In: Schlüter/Wiegels, *Rom, Germanien und die Ausgrabungen von Kalkriese*, S. 591–635.

– Anmerkungen zur Münzdatierung spätaugusteischer Fundplätze. In: Wiegels: *Die Fundmünzen von Kalkriese*, S. 81–117.

– Hermeneutik des Hinterhalts: die antiken Berichte zur Varuskatastrophe und der Fundplatz von Kalkriese. In: Klio 85,1 (2003) S. 131–170.

– Die Römer in Germanien. München [5]2006.

– Die Schlacht im Teutoburger Wald. Arminius, Varus und das römische Germanien. München 2008.

Websites

Universität Osnabrück, Alte Geschichte: *www.varusforschung.de*.

Varusschlacht im Osnabrücker Land gGmbH – Museum und Park Kalkriese: *www.kalkriese-varusschlacht.de*

Varusgesellschaft zur Förderung der vor- und frühgeschichtlichen Ausgrabungen im Osnabrücker Land e.V.: *www.varus-gesellschaft.de*

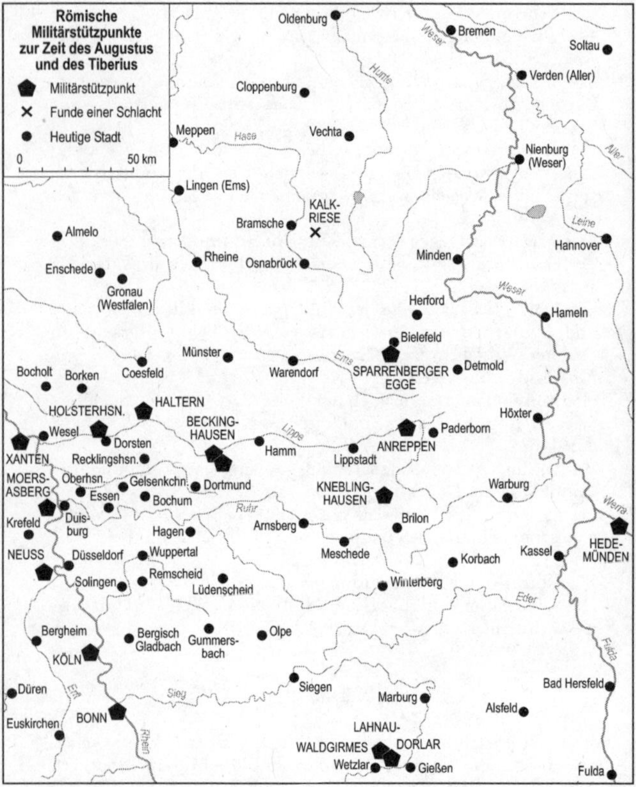
Römische Militärstützpunkte zur Zeit des Augustus und des Tiberius
Militärstützpunkt
Funde einer Schlacht
Heutige Stadt
0
50 km
Oldenburg
Bremen
Weser
Soltau
Verden (Aller)
Hunte
Cloppenburg
Meppen
Hase
Vechta
Nienburg (Weser)
Aller
Lingen (Ems)
KALK-RIESE
Bramsche
Leine
Hannover
Almelo
Rheine
Osnabrück
Minden
Enschede
Gronau (Westfalen)
Weser
Herford
Hameln
Bielefeld
Münster
Warendorf
Ems
SPARRENBERGER EGGE
Detmold
Bocholt
Borken
Coesfeld
HALTERN
HOLSTERHSN.
Höxter
BECKING-HAUSEN
Lippe
Paderborn
Wesel
Dorsten
ANREPPEN
XANTEN
Recklingshsn.
Hamm
Lippstadt
MOERS-ASBERG
Oberhsn.
Gelsenkchn.
Dortmund
KNEBLING-HAUSEN
Warburg
Essen
Bochum
Ruhr
Werra
Krefeld
Duisburg
Arnsberg
Brilon
Hagen
HEDE-MÜNDEN
Meschede
Kassel
NEUSS
Düsseldorf
Wuppertal
Korbach
Remscheid
Solingen
Lüdenscheid
Winterberg
Eder
Bergheim
Bergisch Gladbach
Gummers-bach
Olpe
Fulda
KÖLN
Siegen
Bad Hersfeld
Düren
Erft
Sieg
Marburg
Alsfeld
BONN
Euskirchen
Rhein
LAHNAU-
WALDGIRMES
DORLAR
Wetzlar
Gießen
Fulda

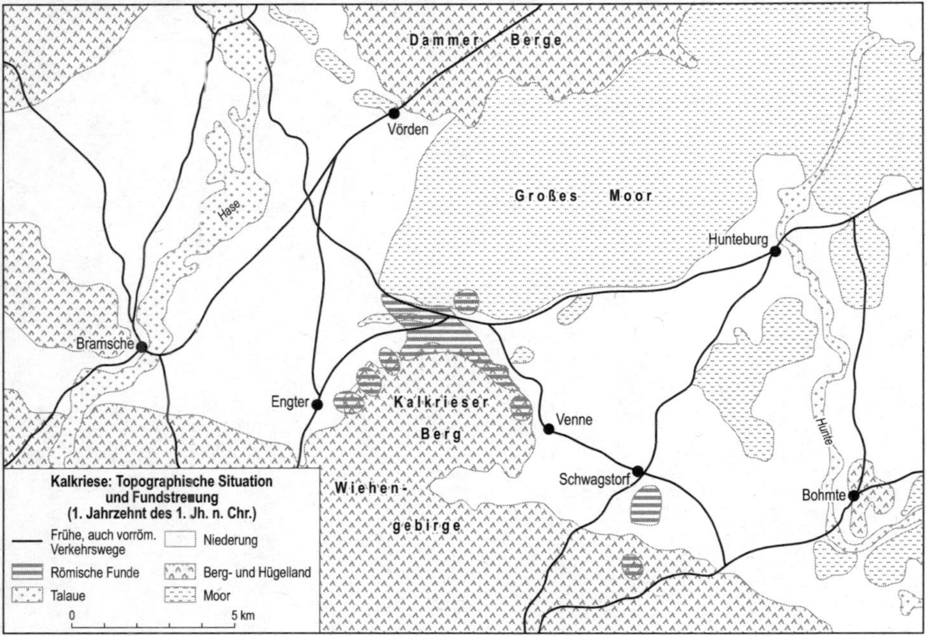
Kalkriese: Topographische Situation
und Fundstreuung
(1. Jahrzehnt des 1. Jh. n. Chr.)
Frühe, auch vorröm. Verkehrswege
Niederung
Römische Funde
Berg- und Hügelland
Talaue
Moor
0
5 km
Dammer Berge
Großes Moor
Vörden
Hase
Bramsche
Engter
Kalkrieser Berg
Wiehen-gebirge
Venne
Schwagstorf
Hunteburg
Hunte
Bohmte